373.3(035) Juego y aprendo - - MMIV - - Montevideo,
JUE Rep. Or. del Uruguay: Cadiex International
S.A. presente edición Editora Sudamer S.A.,
Montevideo, Rep. Or. del Uruguay,
2004.
328 p : il ; 20 x 28 cm.

ISBN 9974 - 7750 - 6- X

1. ENSEÑANZA PRIMARIA - DIDÁCTICA. 2. ACTIVIDADES DE APRENDIZAJE .3.JUEGOS. 4. ANTOLOGÍA LITERARIA.

Una Visión Creativa
en Libros para el Gran Público

©by Editora Sudamer S.A.
Impreso en Colombia
Por Printer Colombiana S.A.
Printed in Colombia
I.S.B.N.: 9974- 7750-6-x

Un mundo de actividades didácticas para divertirse en familia.

Aprender jugando

STAFF

Autores
Equipo editorial

Ilustraciones
Equipo editorial

Diseño gráfico
Daniela Bilello
Amilcar Condino

LATINBOOKS
Una Visión Creativa
en Libros para el Gran Público

Montevideo - Buenos Aires - Bogotá
México D.F. - Madrid

Edición 2004 del Tercer Milenio

BLUE ISLAND
PUBLIC LIBRARY

Un mundo de actividades didácticas para divertirse en familia.

A MODO DE PRESENTACIÓN

El juego y el descubrimiento son características que comparten los niños pequeños. Es una constante en ellos la inquietud, la curiosidad, las preguntas y el ejercicio permanente de la autonomía en sus quehaceres cotidianos. El mundo de la información y de la tecnología los rodea de imágenes visuales y sonoras. Por ello nos sorprenden muchas veces con sus conocimientos, la mayoría de los cuales han incorporado a través de los medios de comunicación, en especial la televisión.

Es por esto que el ámbito adulto, especialmente el de los padres de familia, es el que continúa siendo el referente más importante del mundo afectivo y social del niño. Son aquellos los que propician muchas de las situaciones de aprendizaje necesarias para que estos exploren, investiguen, analicen y reflexionen.

"Aprender jugando" es un libro pensado especialmente para:

- **Fortalecer dichas situaciones y enriquecer el medio natural y social, mientras los niños y sus padres juegan y aprenden recíprocamente.**

- **Compartir mutuamente en el hogar ese maravilloso momento que se inicia cuando el niño comienza a conocer el mundo que lo rodea, a formular sus primeros interrogantes y a reflexionar sobre los hechos que allí ocurren.**

- **Estimular la creatividad y la libre expresión de los niños.**

- **Promover nuevas experiencias de aprendizaje que conduzcan a una creciente independencia y mayor seguridad en las destrezas y capacidades motoras, afectivas y expresivas del niño.**

- **Abrir una ventana al mundo y una puerta a la cultura a la cual el niño pertenece, de un modo más amplio, ordenado y significativo.**

La editorial

RECOMENDACIONES PRÁCTICAS

Leer y/o narrar cuentos, poesías, rimas y coplas, cantar canciones y escuchar música, dibujar, pintar, modelar, recortar, conversar, mirar libros, escribir, son actividades que exceden el marco de la escuela y que el niño traslada también hacia su hogar para compartirlas con sus padres, hermanos o compañeros de juego. Por ello, hemos tenido en cuenta para el desarrollo de esta propuesta un conjunto de actividades didácticas referidas a cuestiones de la vida cotidiana, centradas en:

🍎 *La resolución de situaciones problemáticas. Por ejemplo:*

- Descubrir y crear diferentes caminos para la solución de una determinada situación.
- Realizar cálculos y elaborar enunciados que respondan a los mismos, etc.

🍎 *La comprensión lectora y producción escrita de textos. Por ejemplo:*

- Observar escenas y describirlas.
- Elaborar historias a partir de la combinación de personajes.
- Ordenar secuencias e inventar diálogos, etc.

🍎 *El conocimiento y la investigación del entorno social y natural; es decir:*

- Explicar características y costumbres de animales.
- Describir la diversidad de las plantas.
- Registrar datos y extraer conclusiones.
- Crear y practicar normas de convivencia para la vida social.
- Conocer actores sociales y sus ocupaciones, etc.

Teniendo en cuenta las características del pensamiento de los niños hacia quienes va dirigida esta obra, y la posibilidad de que la misma pueda ser trabajada en forma compartida con el padre de familia, hemos puesto el acento en el juego, en el trabajo con material concreto y en la actividad en su vertiente más significativa.

Este aspecto se materializa en iconos que señalan los temas sobresalientes de cada actividad, y otros que consignan la forma en que se espera que la misma sea realizada por el niño.

A continuación detallamos este aspecto:

Los iconos marcados en las actividades señalan dos vertientes:

1- El tema o materia a la que la actividad se refiere. Es entonces así como identificamos en cada página del libro tareas referidas a Ciencias, Lengua y Matemática.

CIENCIAS NATURALES **CIENCIAS SOCIALES** **LENGUA** **MATEMÁTICA**

2- La modalidad de trabajo del padre de familia con el niño. Por ejemplo, aquellas actividades en las que se invita a ambos a jugar o aquellas que le permiten al niño integrar varios temas.

ACTIVIDADES CON JUEGOS   **ACTIVIDADES INTEGRADAS**

REFERENCIAS

Para conversar **Para escribir** **Actividad grupal** **Para fotocopiar** **Para dibujar**

Para leer **Para pensar** **Para pintar** **Para pegar** **Para recortar**

Índice

A modo de presentación	Pág. 4	Una lindísima noticia…	Pág. 64	La programación de TV	Pág. 119
Recomendaciones prácticas	Pág. 5	Las mascotas	Pág. 65	Las personas se informan	Pág. 120
Aprender jugando	Pág. 9	Historia de Negrita	Pág. 66	La televisión	Pág. 121
¡Bienvenido!	Pág. 10	Los animales y lo		Las noticias	Pág. 122
Una banda de amigos	Pág. 12	que comen	Pág. 67	Shhh… estamos en el aire…	Pág. 123
El juguete preferido		Más de animales	Pág. 68	En la redacción	Pág. 124
de Manuela	Pág. 13	Mirando huellas	Pág. 69	De la noticia al lector	Pág. 125
¡A jugar con bloques!	Pág. 14	¡Nacieron los cachorros!	Pág. 70	Las cinco diferencias	Pág. 126
Jugando con los bloques	Pág. 15	Animales mamíferos	Pág. 71	Muchas guardas	Pág. 127
Los nombres propios	Pág. 16	Los animales y su nombre	Pág. 72	Series ordenadas	Pág. 128
Buscando nombres	Pág. 17	Cada uno en su casa	Pág. 73	Líneas	Pág. 129
Carrera de automóviles	Pág. 18	¡Cuántos son!	Pág. 74	Trucos de magia	Pág. 130
¿Qué falta?	Pág. 19	¡Ya caminan!	Pág. 75	El mago y su galera	Pág. 131
La misión	Pág. 20	¡A leer!	Pág. 76	Escuchando rimas	Pág. 132
En la biblioteca	Pág. 21	Un cuento con movimiento	Pág. 77	Ordenando rimas	Pág. 133
¡Qué mezcla!	Pág. 22	Yo aprendí	Pág. 78	Peces en la televisión	Pág. 134
Yo me disfrazo	Pág. 23	Buscando lo diferente	Pág. 79	Sumando peces	Pág. 135
Cuento lo que hago	Pág. 24	¡A guardar!	Pág. 80	La pecera de Rodrigo	Pág. 136
¡Elecciones!	Pág. 25	¿Cómo se llaman?	Pág. 81	Rayuela	Pág. 137
¡Y el ganador es…!	Pág. 26	Agrupando	Pág. 82	En el jardín	Pág. 138
Mi cumpleaños	Pág. 27	¡A dibujar lo que falta!	Pág. 83	Seres vivos	Pág. 139
Cruzando la calle	Pág. 28	¡A completar!	Pág. 84	Las plantas	Pág. 140
¡Vamos a la plaza!	Pág. 30	Siluetas conocidas	Pág. 85	Muchas huellas	Pág. 141
¿Qué hacen?	Pág. 31	Una merienda especial	Pág. 86	El camino de la lombriz	Pág. 142
La carrera	Pág. 32	Hacemos una lista	Pág. 87	Historia de una semilla	Pág. 143
Yo, en la plaza	Pág. 33	Armamos rompecabezas	Pág. 88	Nombres que empiezan igual	Pág. 144
Leyendo carteles	Pág. 34	Extraño rompecabezas	Pág. 89	La habitación de Rodrigo	Pág. 145
Más carteles	Pág. 35	Automóviles de colores	Pág. 90	Palmeando sílabas	Pág. 146
Cuidemos el ambiente	Pág. 36	Figuras geométricas	Pág. 91	Los que se repiten	Pág. 147
Más cuidados para		La pared	Pág. 92	Formas geométricas	Pág. 148
el ambiente	Pág. 37	La merienda del cumpleaños	Pág. 93	Las estaciones del año	Pág. 149
Armo una historia	Pág. 38	En la piscina	Pág. 94	¿Cuál es?	Pág. 150
Cuento una historia	Pág. 39	Nos preparamos para		Mirando la Luna	Pág. 151
¿Qué dice?	Pág. 40	ir a la piscina	Pág. 95	Trayectos espaciales	Pág. 152
Armando automóviles	Pág. 41	Cosas raras	Pág. 96	Fotografía de la Tierra	Pág. 153
En el taller mecánico	Pág. 42	Prevenir accidentes	Pág. 97	Conocemos a Pico y Paco	Pág. 154
¿Con qué viajan?	Pág. 43	La competencia	Pág. 98	¡A unir palabras y dibujos!	Pág. 155
Viajando en bus	Pág. 44	¡A comer!	Pág. 99	¡A dibujar arriba y abajo!	Pág. 156
Máquinas y herramientas	Pág. 45	Los alimentos y su origen	Pag. 100	Mis manitos	Pág. 157
El trabajo del médico	Pág. 46	Rodrigo desayuna	Pág. 101	Adivinanzas	Pág. 158
Nuestros huesos	Pág. 47	Vamos a la escuela	Pág. 102	¿Qué estarán diciendo?	Pág. 159
Otros huesos	Pág. 48	Jugamos con carteles	Pág. 103	Palabras y más palabras	Pág. 160
Consejos médicos	Pág. 49	"El baile de las sillas"	Pág. 104	Busca y rebusca…	
Nos aseamos	Pág. 50	¡A contar!	Pág. 105	encuentra los animales	Pág. 161
¡Adivina adivinador!	Pág. 51	Agenda telefónica	Pág. 106	¡Qué rico!	Pág. 162
Inventamos adivinanzas	Pág. 52	Los trenes de Rodrigo	Pág. 107	¡Cuántos juguetes!	Pág. 163
¡Veo-veo!	Pág. 53	¡A encontrar rimas!	Pág. 108	¡Qué miedo! ¡A jugar	
Buscando rimas	Pág. 54	¡A descubrir disparates!	Pág. 109	y a pensar!	Pág. 164
Inventamos rimas	Pág. 55	Empiezan igual	Pág. 110	Piensa y diviértete	Pág. 165
Inventamos más rimas	Pág. 56	Pronóstico de lluvia	Pág. 111	Adivina, adivinador…	Pág. 166
Rimas y más rimas	Pág. 57	El estado del tiempo	Pág. 112	Carta para Sofía	Pág. 167
Yo busco	Pág. 58	Jugamos una carrera	Pág. 113	Sofía escucha…	Pág. 168
El teléfono	Pág. 59	Bandas numéricas	Pág. 114	¡Hoy festejamos	
Vamos de paseo	Pág. 60	Rodrigo y sus amigos	Pág. 115	un cumpleaños!	Pág. 169
Laberinto especial	Pág. 61	¡A jugar a las escondidas!	Pág. 116	¿Qué haces con tus abuelos?	Pág. 170
Volviendo a casa	Pág. 62	El control remoto	Pág. 117	Paseo por el vecindario	Pág. 171
En el veterinario	Pág. 63	Usamos el control remoto	Pág. 118	¡A caminar…!	Pág. 172

Índice

Tu casa	Pág. 173	Cazando palabras	Pág. 222	Un cuento para armar	Pág. 270
Tu lugar preferido	Pág. 174	La familia de gusanos se presenta	Pág. 223	Otro cuento para armar	Pág. 273
El cuerpo. Yo tengo, tú tienes…	Pág. 175	Aviones en el cielo	Pág. 224	Ensalada de dinosaurios	Pág. 274
¡A comer…!	Pág. 176	Veo veo… y después escribo	Pág. 225	Recorriendo el vecindario	Pág. 275
Distintos sabores	Pág. 177	Hablamos de dobles y de triples	Pág. 226	Reconociendo a los personajes	Pág. 276
Sofía lee	Pág. 178	Cada cual a su lugar	Pág. 227	Un baúl de sorpresas	Pág. 277
Cantamos canciones para el sol y la luna	Pág. 179	Revisando estantes	Pág. 228	Inventos y descubrimientos	Pág. 278
Las cuatro estaciones	Pág. 180	Un poco de organización	Pág. 229	¿Qué le falta? ¿Qué le sobra?	Pág. 279
En verano…	Pág. 181	Las escuelas, ¿son todas iguales?	Pág. 230	Un nuevo sistema de numeración	Pág. 280
¡Todos a nadar!	Pág. 182	¿Qué dirán?	Pág. 231	Trabajando con números romanos	Pág. 281
Esperando el bus	Pág. 183	Son risitas	Pág. 232	Un juego de romanos	Pág. 282
¡Encuentra el número!	Pág. 184	En el kiosko de Doña Inés	Pág. 233	No todos somos iguales	Pág. 283
¿Cuáles son?	Pág. 185	¡Qué difícil! ¡No se entiende nada!	Pág. 234	Rompecabezas de animales	Pág. 284
¡Cuántos números!	Pág. 186	Cuando los relojes hablan	Pág. 235	Modos de alimentación	Pág. 285
Jugando en el jardín	Pág. 187	Conociendo animales	Pág. 236	La fuga	Pág. 286
¡Flores para regalar!	Pág. 188	En el supermercado del Sol	Pág. 237	Cuadrados mágicos	Pág. 287
¿Cuántos son?	Pág. 189	Seguimos de compras	Pág. 238	Desorden en la veterinaria del Dr. Luis	Pág. 288
Haciendo cálculos	Pág. 190	Sobre-nombres	Pág. 239	Carrera de mascotas	Pág. 289
¡A pensar!	Pág. 191	¿Qué pasaría sí…?	Pág. 240	Un día de trámites bancarios	Pág. 290
De compras…	Pág. 192	Una aventura emocionante	Pág. 241	Para prestar atención	Pág. 291
Para sumar	Pág. 193	Trabajando con la noticia	Pág. 242	Cada cual a su reino	Pág. 292
¡Seguimos comprando!	Pág. 194	Un lindo lugar	Pág. 243	No todas las dietas son iguales	Pág. 293
¡Qué linda… mariposa numerada!	Pág. 195	¡Organizando un festival!	Pág. 244	¡Qué familia numerosa!	Pág. 294
¡A navegar y a volar!	Pág. 196	¡Un ticket, por favor!	Pág. 245	Un robot llamado Lotito	Pág. 295
¡A correr sumando!	Pág. 197	Compartiendo un mismo lugar	Pág. 246	Un viaje al fondo del mar	Pág. 296
Cada niño con su globo	Pág. 198	Adivina adivinador…	Pág. 247	El agua en la naturaleza	Pág. 297
¡Qué problema!	Pág. 199	Las plantitas ya crecieron	Pág. 248	Al agua pato	Pág. 298
Para no olvidarse	Pág. 200	¿Dónde vamos?	Pág. 249	Los cuentistas	Pág. 299
A jugar con números y letras	Pág. 201	Recuerdos de…	Pág. 250	Jugando con los bloques	Pág. 300
Jugamos y pensamos	Pág. 202	¿Me descubres?	Pág. 251	Armando rompecabezas	Pág. 301
Hoy comemos ensalada de frutas	Pág. 203	Mellizas y trillizos	Pág. 252	Armando dados para jugar	Pág. 302
Bandera de la Patria	Pág. 204	Conozcamos al señor Gutiérrez	Pág. 253	Un poco de geometría	Pág. 303
Héroes de mi Patria	Pág. 205	En el restaurante de Don Pipón	Pág. 254	El sapo y la zorra	Pág. 304
Otros paisajes	Pág. 206	Descubriendo el misterio	Pág. 255	Para leer y pensar	Pág. 305
Canciones para dormir	Pág. 207	Leemos un cuento	Pág. 256	Una rica merienda	Pág. 306
Destrabalenguas	Pág. 208	Analizamos el cuento	Pág. 257	Trabajando con fracciones	Pág. 307
Cuentos, poesías, adivinanzas y algo más	Pág. 209	Con vida o sin vida	Pág. 258	¿Cómo se mide?	Pág. 308
De compras	Pág. 210	Alimentos y su origen	Pág. 259	Para leer y pensar	Pág. 309
¿Qué número está formado?	Pág. 211	Cada cosa en su lugar	Pág. 260	¡A reflexionar!	Pág. 310
¡Nos conocemos por fuera!	Pág. 212	Herramientas para cocinar	Pág. 261	Más allá del cielo	Pág. 311
Nuestro cuerpo	Pág. 213	¡Hora de comer!	Pág. 262	Un viaje a la Luna	Pág. 312
Timoteo de paseo	Pág. 214	Cruci animalada	Pág. 263	Un poquito de historia	Pág. 313
Palabrerío	Pág. 215	¡Hoy estamos de festejo!	Pág. 264	Y, ¿en tu familia…?	Pág. 314
¿Quién soy?	Pág. 216	Hablando de mascotas	Pág. 265	Investigadores	Pág. 315
Cocineros alborotados	Pág. 217	Encadenados	Pág. 266	Vivir en comunidad	Pág. 316
¡En la escuela pasan muchas cosas!	Pág. 218	Mi bandera	Pág. 267	Con-vivir	Pág. 317
Una bolsa de golosinas	Pág. 219	¿Dónde vivirán?	Pág. 268	Antología poética	Pág. 318
¿De dónde venimos?	Pág. 220	Armando cadenas	Pág. 269		
Jugando con números	Pág. 221				

Este es el libro de:

....
ESCRIBO MI NOMBRE

....
ESCRIBO MI NOMBRE

LENGUA

¡BIENVENIDO!

¡A leer se ha dicho!

 **Lee junto con tus amigos este cuento.**

ESA NOCHE LE COSTABA DORMIRSE... DABA VUELTAS Y MÁS VUELTAS EN SU CAMA... TANTAS, QUE YA LA ALMOHADA ESTABA EN UN RINCÓN DE SU HABITACIÓN, LA SÁBANA TODA ENROSCADA Y EL CUBRECAMA EN EL PISO.

HACÍA POCO TIEMPO QUE VIVÍA ALLÍ, Y CADA LUGAR DE SU CASA ERA PARA DESCUBRIR. ASÍ JUGANDO, SE DIO CUENTA DE QUE EL ÁRBOL DEL JARDÍN PODÍA CONVERTIRSE EN SU LUGAR SECRETO, Y SENTADO EN SUS RAMAS NADIE LO ENCONTRARÍA SI JUGABAN A LAS ESCONDIDAS.

TAMBIÉN LA BARANDA DE LA ESCALERA PODÍA TRANSFORMARSE EN UNA RAMPA PARA SUS AUTITOS. CLARO, SI LA MAMÁ NO LO VEÍA, PORQUE MUCHO NO LE GUSTABA QUE HICIERA ESO.

Y ÉL SEGUÍA DANDO VUELTAS EN SU CAMA SIN PODER DORMIRSE. ESTABA DEMASIADO CONTENTO Y ANSIOSO POR LO QUE SUCEDERÍA MAÑANA... ¿SERÍAN MUCHOS? ¿SE LLEVARÍA BIEN? ¿SABRÍAN JUEGOS DIVERTIDOS...? RODRIGO ES UN NIÑO INQUIETO Y ESTÁ MUY NERVIOSO PORQUE MAÑANA CONOCERÁ A LOS NIÑOS QUE VIVEN EN SU NUEVO VECINDARIO. PENSANDO EN TODO ESO, NO PUEDE DORMIRSE.

TRES VUELTITAS MÁS Y POR FIN SE DUERME... AHORA A DESCANSAR, QUE MAÑANA MUCHAS COSAS NUEVAS PUEDEN SUCEDER...

LENGUA

AL OTRO DÍA, EL SOL ILUMINÓ SU ROSTRO A TRAVÉS DE LA VENTANA DE SU HABITACIÓN. Y NO HUBO NADA NI NADIE QUE PUDIERA DETENERLO... SALTÓ RÁPIDAMENTE DE SU CAMA Y BAJÓ LAS ESCALERAS QUE LO LLEVABAN A LA COCINA. SU MAMÁ LO ESPERABA CON UN DELICIOSO DESAYUNO. RODRIGO TOMÓ DE UN LARGO TRAGO SU LECHE CHOCOLATADA Y SALIÓ CORRIENDO HACIA LA PUERTA DE SU CASA. ALLÍ ESTABA MANUELA SENTADA, OBSERVANDO LOS PAJARITOS QUE RECIÉN SE DESPERTABAN COMO ELLA.

MANUELA ES UNA NIÑA MUY DIVERTIDA QUE VA A TODOS LADOS CON SU OSITO DE PELUCHE "POTOTO".

CUANDO VIO SALIR A RODRIGO DE SU CASA COMENZÓ A HACER UNAS SEÑAS RARAS QUE ÉL NO COMPRENDIÓ. PERO ENSEGUIDA ENTENDIÓ SUS SIGNIFICADOS PORQUE SOFÍA, GERMÁN, Y LAS MELLI ROCÍO Y LUZ SALTARON DE SUS ESCONDITES CON UN CARTEL GIGANTE QUE DECÍA "BIENVENIDO A TU NUEVO HOGAR".

RODRIGO QUEDÓ BLANCO DE LA SORPRESA, PERO SE RECUPERÓ MUY RÁPIDO CUANDO SOFÍA LE REGALÓ UNA PALETA GIGANTE DE MUCHOS COLORES.

SOFÍA, GERMÁN Y LAS MELLI SON AMIGOS DESDE HACE MUCHOS AÑOS. VIVEN EN EL MISMO VECINDARIO Y TODAS LAS TARDES, LUEGO DE LA ESCUELA, SE JUNTAN A HACER LA TAREA, A MIRAR UN RATO LA TELEVISIÓN Y, SI EL DÍA Y EL CLIMA LOS ACOMPAÑA, A JUGAR EN LA PLAZA PRINCIPAL DEL VECINDARIO.

ELLOS SON AHORA, JUNTO CON RODRIGO, UNA BANDA INSEPARABLE DE AMIGOS, CON QUIENES PODRÁS COMPARTIR LAS MÁS DIVERTIDAS Y ENTRETENIDAS AVENTURAS PRESENTES EN ESTE LIBRO.

INTEGRADA

UNA BANDA DE AMIGOS

Conociendo nuevos amigos...

Ellos son Manuela, Rodrigo, Sofía, Germán y las melli Rocío y Luz. Aquí te los presentamos para que disfrutes con ellos cada una de las páginas de este libro.

¡Hola! Soy Germán, y me encanta jugar a la pelota.

Yo soy Sofía, y me gusta mucho tocar la guitarra.

Nosotras somos las melli, Rocío y Luz. Tenemos 8 años.

¡Yo soy Rodrigo!

Yo soy Manuela, y él es mi oso Pototo.

Dibuja en una hoja a tus amigos y escribe el nombre de cada uno.

12

EL JUGUETE PREFERIDO DE MANUELA

SOCIALES

¿Cuál es tu juguete preferido?

Como tú, Manuela y sus amigos tienen un juguete preferido.

Obsérvalos y une con una línea cada uno con el suyo.

¡A JUGAR CON BLOQUES!

MATEMÁTICA

¡A observar con atención!

Manuela estuvo construyendo con sus bloques.

 Marca con una cruz aquellos que usó.

JUGANDO CON LOS BLOQUES

Y tú... ¿qué cosas maravillosas puedes construir?

**Reproduce y recorta estas formas.
Arma con ellas lo que te guste.**

LENGUA

LOS NOMBRES PROPIOS

¿Cómo es tu nombre? ¿Y el de tu mejor amigo?

Manuela y sus amigos están aprendiendo a escribir sus nombres, y se dieron cuenta de que algunas letras son las mismas.

 **Escribe en un recuadro el nombre de uno de tus amigos y en el otro el tuyo.**

 **¿Qué letras iguales llevan ambos? Únelas con una línea.**

16

BUSCANDO NOMBRES

LENGUA

¡Anímate a colorear estos nombres!

Pinta con rojo los nombres de varones y con azul los de mujeres.

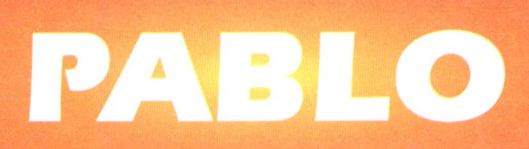

¿Cuántos carteles quedaron sin pintar?

17

MATEMÁTICA

CARRERA DE AUTOMÓVILES

¡Desafíate y acelera para ganar la carrera!

A Juan, el primo de Manuela, le encantan los automóviles y suele compartirlos con sus amigos. Hoy han organizado una carrera y dibujaron la pista en el suelo de un patio. Pero hicieron tantas vueltas que ya no saben por dónde deben ir.

¿Qué camino va desde la salida hasta la llegada?
Traza el recorrido.

¿QUÉ FALTA?

Una carrera sin pista no es carrera… ¡Anímate a crearla!

Dibuja una pista para que Juan y sus amigos puedan realizar una carrera.

LA MISIÓN

¡Anímate a cumplir la siguiente misión matemática!

Rita, la mamá de Manuela, ha organizado un juego. Cada niño debe cumplir una misión. Les ha dado un papel escrito con algo que deben buscar.

Ayuda a cada uno a encontrar lo que le piden, y pinta la cantidad que necesite.

EN LA BIBLIOTECA

LENGUA

¡A leer se ha dicho!

Otros niños eligieron mirar los libros de la biblioteca, y la mamá de Manuela se sentó con ellos a leérselos.

Explica de qué se tratarán estos libros y dónde estará escrito su título. ¿Cuál será?

CUERPO HUMANO

VIAJES

21

¡QUÉ MEZCLA!

INTEGRADA

¿A quién no le gustan los disfraces?

Otros niños eligieron disfrazarse, pero antes tienen que resolver un problema: los trajes se han mezclado y no terminan de hallarlos...

Ayúdalos a encontrarlos y vestirse uniéndolos con flechas.

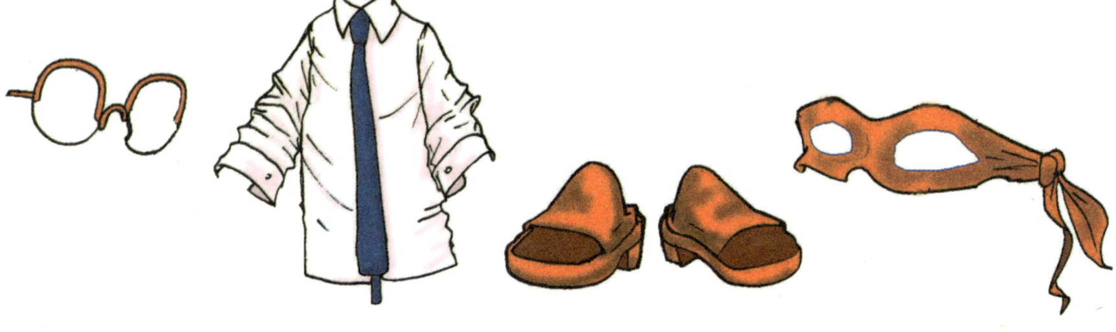

YO ME DISFRAZO

LENGUA

¡A revolver el baúl de la abuela para disfrazarte!

Ahora puedes disfrazarte tú.

Escribe como puedas de qué te gustaría disfrazarte.

Dibuja todo lo que vayas a necesitar como si fuese una lista.

¿Tienes todo lo que necesitas para disfrazarte?

CUENTO LO QUE HAGO

LENGUA

¡A crear lo que te gusta con mucha imaginación y fantasía!

Seguramente, tú haces muchas de las actividades que Manuela y sus amigos también hacen. ¿Cuál es la que a ti más te gusta?

 **Cuenta y dibuja la actividad que más te gusta hacer.**

¡ELECCIONES!

¡Una votación de nombres divertidos!

Rita les propuso a Manuela y a su grupo de amigos que eligieran un nombre a fin de identificarse. Para ello organizó una votación. Los niños decidieron el nombre para su grupo. Cada uno marcó cuál le gustaba más. Así resulto la elección...

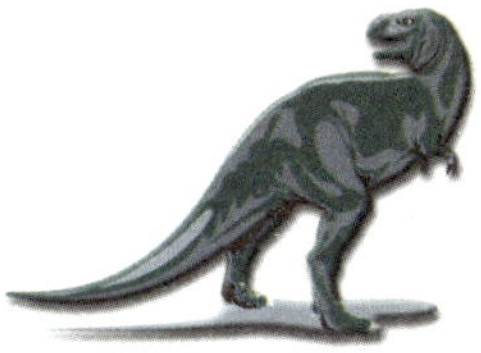

🦖	**DINOSAURIO**	|||||	☐
🛹	**SKATE**	|||	☐
🧙	**BRUJITO**	||	☐
💀	**CALAVERA**	|||	☐

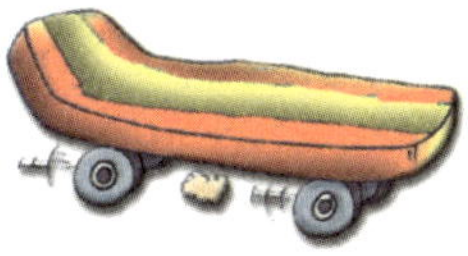

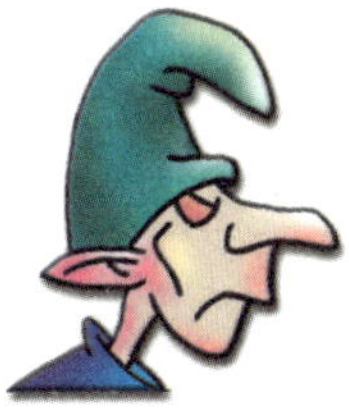

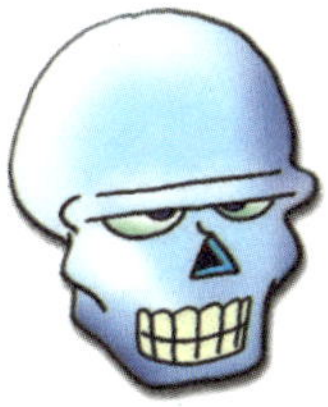

Vota tú también, y luego cuenta los palitos para ver qué nombre ganó.

¡Y EL GANADOR ES...!

¡A crear lo que te gusta con mucha imaginación y fantasía!

Manuela hizo este dibujo para el nombre elegido...

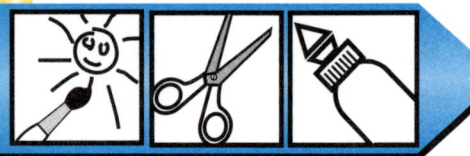

Decóralo como a ti más te guste.

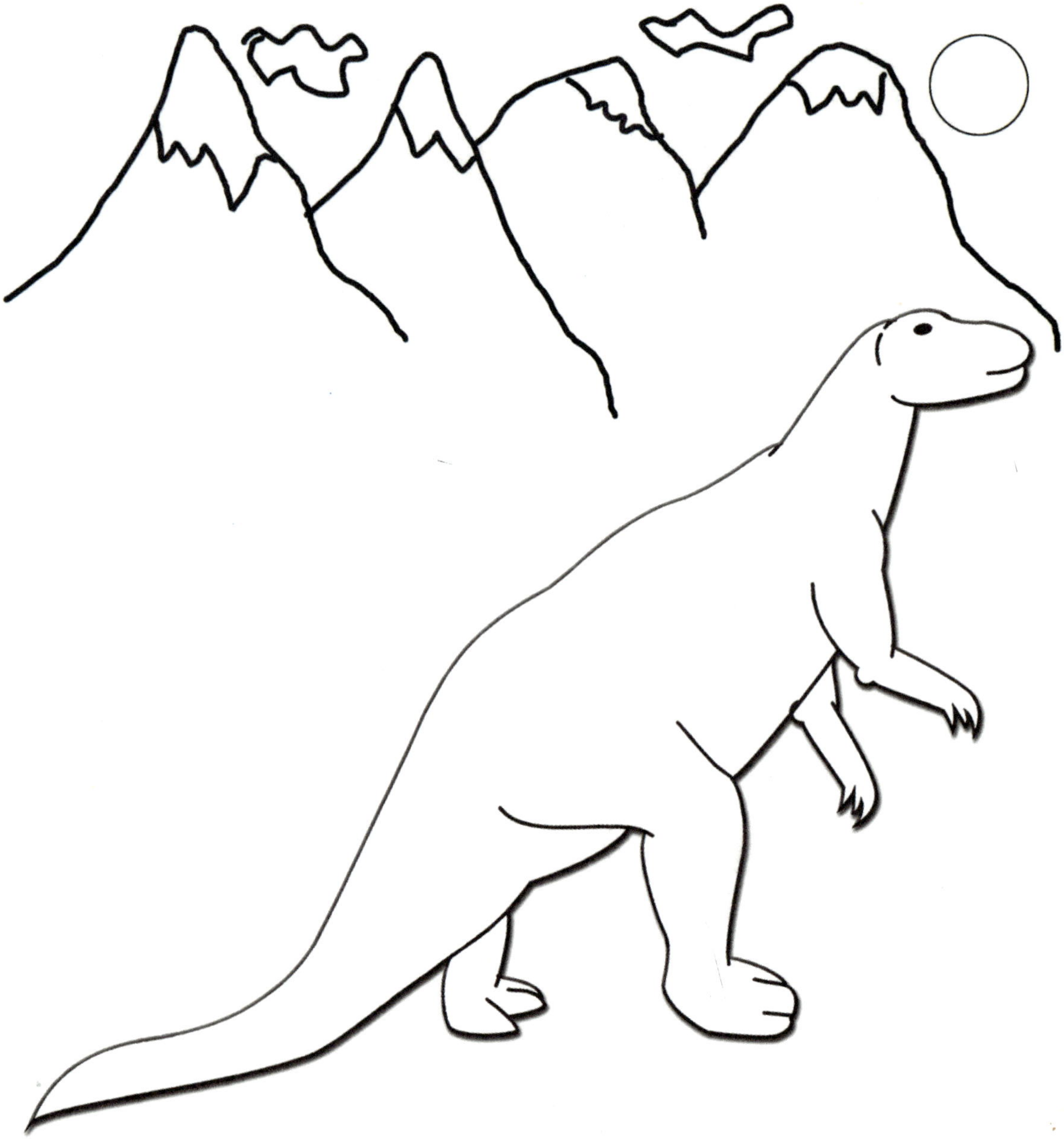

MI CUMPLEAÑOS

SOCIALES

¡Una fecha muy especial!

Ubica el día de tu cumpleaños en el calendario.

Domingo	Lunes	Martes	Miércoles	Jueves	Viernes	Sábado
1	2	3	4	5	6	7
8	9	10	11	12	13	14
15	16	17	18	19	20	21
22	23	24	25	26	27	28
29	30	31				

¿En qué mes es tu cumpleaños?

27

SOCIALES

CRUZANDO LA CALLE

¡A prestar mucha atención!

Como peatones debemos ser prudentes al cruzar las calles. Aunque tú cruces siempre con un adulto, también debes ser cuidadoso.
Observa las flechas y sabrás el sentido de cada calle.

Reproduce y recorta los transportes. Luego pégalos en el plano según corresponda.

CRUZANDO LA CALLE

SOCIALES

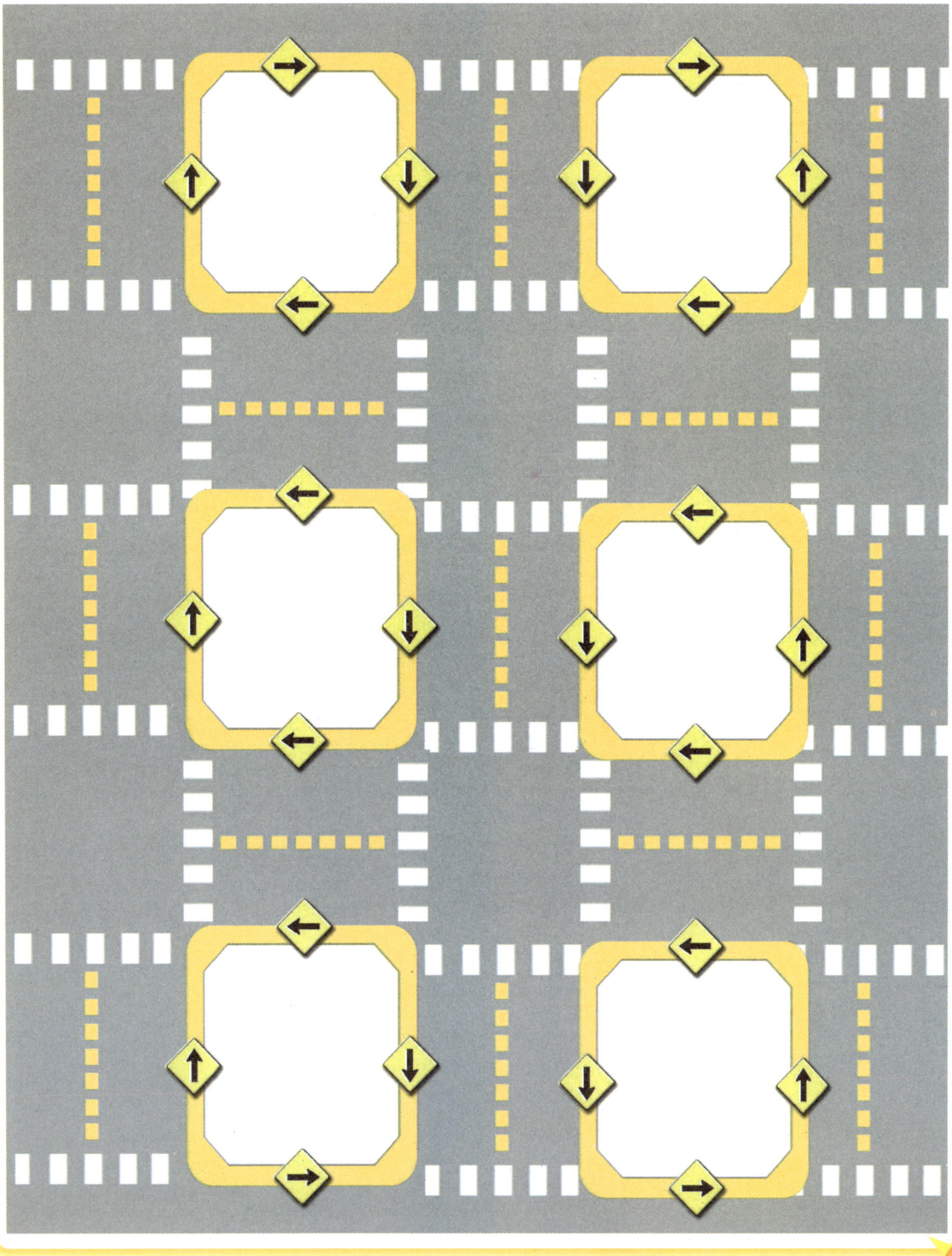

SOCIALES

¡VAMOS A LA PLAZA!

¡A prestar mucha atención!

La mamá de Manuela le propone al grupo de amigos visitar la plaza del vecindario, para conocerla un poco más.

Señala el camino por el que te parece que pueden ir.

30

¿QUÉ HACEN?

SOCIALES

¡A prestar mucha atención!

En la plaza observaron las actividades que realizaban las distintas personas que allí se encontraban.

Observa esta escena y explica qué hacen las personas que se encuentran allí.

31

LA CARRERA

MATEMÁTICA

¡Apresúrate para no llegar último!

Antes de regresar, Manuela y sus amigos aprovecharon el espacio de la plaza para organizar una carrera. Sofía fue la primera en llegar, y el último fue Rodrigo.

Reproduce, recorta y pega sobre el podio según el orden en que llegaron.

¿Dónde pusiste a Manuela? ¿En qué lugar salió?

YO, EN LA PLAZA

SOCIALES

¡A crear lo que te gusta con mucha imaginación y fantasía!

¿Qué haces tú cuando vas a la plaza? ¿Quién te acompaña? ¿Ves a otras personas allí? ¿Qué hacen?

Recuerda cuando tú vas a la plaza, y dibuja lo que allí sucede.

LEYENDO CARTELES

LENGUA

¡A observar con atención!

Mientras conversaban acerca de lo que habían visto, Juan contó que había observado a un hombre tirar un papel en el césped. Recordaron entonces que, aunque vieron algunos carteles, no habían visto ningún cesto.

Observa los carteles y explica qué dicen.

**¿Por qué dos de los carteles tienen una barra?
¿Conoces otros carteles que lleven esta barra?
¿Qué quieren decir?
¿Dónde están puestos?**

34

MÁS CARTELES

LENGUA

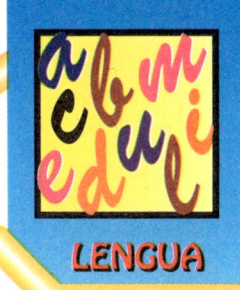

¡A crear lo que te gusta con mucha imaginación y fantasía!

Dibuja un cartel que indique "No tirar papeles en el suelo".

35

NATURALES

CUIDEMOS EL AMBIENTE

¡A cuidar con mucho amor el medio ambiente!

Todos podemos ayudar a cuidar los espacios en la ciudad. Pinta aquello que es correcto hacer.

MÁS CUIDADOS PARA EL AMBIENTE

NATURALES

¡A cuidar con mucho amor el medio ambiente!

En estos espacios libres dibuja otras acciones con las que se ayuda a cuidar las plazas.

LENGUA

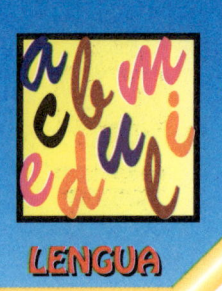

ARMO UNA HISTORIA

¡Anímate a ordenar estas historias!

Piensa y enumera las siguientes escenas que corresponden a tres historias diferentes.

CUENTO UNA HISTORIA

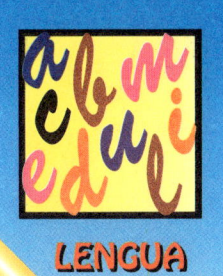

LENGUA

¡A inventar tu propia historia!

**Observa cómo quedó cada historieta.
Elige una y dibújala a tu manera.**

**Imagina y cuenta qué pasó.
Luego escríbela para leerla en
otro momento.**

LENGUA

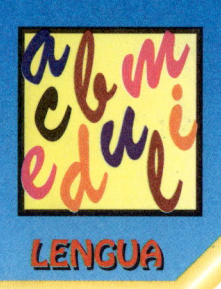

¿QUÉ DICE?

¡A leer se ha dicho!

Observa con atención estas escenas y luego señala como quieras de cuál se está hablando.

PEDRO JUEGA CON SU GLOBO.

ANA, LUIS Y MATEO JUEGAN JUNTOS.

UN GATO CORRE A UN RATÓN.

Mira si hay escrita alguna palabra que ya conocías. ¿Cuál?

40

ARMANDO AUTOMÓVILES

INTEGRADA

¡Todo se arregla usando un poco el ingenio!

El papá de Rodrigo es mecánico y debe armar de nuevo estos automóviles que ha estado arreglando.

Ayúdalo dibujando aquello que le falta a cada uno.

41

SOCIALES

EN EL TALLER MECÁNICO

¡A observar con mucha atención!

Rodrigo invitó a sus amigos a conocer el taller mecánico de su papá. Allí encontraron muchas herramientas y máquinas que se utilizan para arreglar los automóviles.

Observa esta escena y marca con azul las herramientas y con rojo las máquinas.

¿Para qué servirá cada una?

¿CON QUÉ VIAJAN?

SOCIALES

Viajando, viajando llegamos al banco...

Gabriel, el papá de Sofía, trabaja en un banco que se encuentra bastante alejado de su casa. Queda en el centro de la ciudad.

Marca con X qué transportes puede utilizar para llegar hasta allí.

VIAJANDO EN BUS

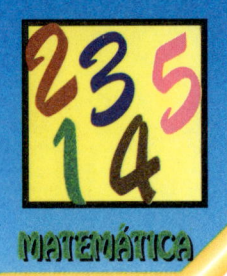

¡A observar con mucha atención!

Martín, el tío de Manuela, debe tomar el ómnibus número 5, que va hacia el centro. Pero en la misma cuadra también tienen parada otros buses.

Observa el ómnibus que debe tomar y pinta la parada que corresponde.

MÁQUINAS Y HERRAMIENTAS

SOCIALES

Visita junto a los niños el banco...

Al llegar al banco, Gabriel pasa por el salón donde se atiende al público, y se dirige a su oficina.

Señala con un círculo azul las herramientas y con rojo las máquinas que utiliza Gabriel en su trabajo.

¿Viste alguna de estas en el taller mecánico? ¿Cuál?

45

SOCIALES

EL TRABAJO DEL MÉDICO

¡A observar con mucha atención!

Germán y sus amigos juegan a que están en los consultorios de un hospital. Para ello utilizan algunas de las herramientas que emplean los médicos para controlar la salud de sus pacientes.

¿Cuáles son los elementos que utilizan para jugar?
¿Para qué sirve cada uno?

NUESTROS HUESOS

NATURALES

¡Cada hueso del esqueleto en su lugar!

Los niños también juegan con placas radiográficas. Los médicos las utilizan para observar el estado de nuestros huesos.

Une con flechas cada parte del esqueleto donde se corresponde en el cuerpo.

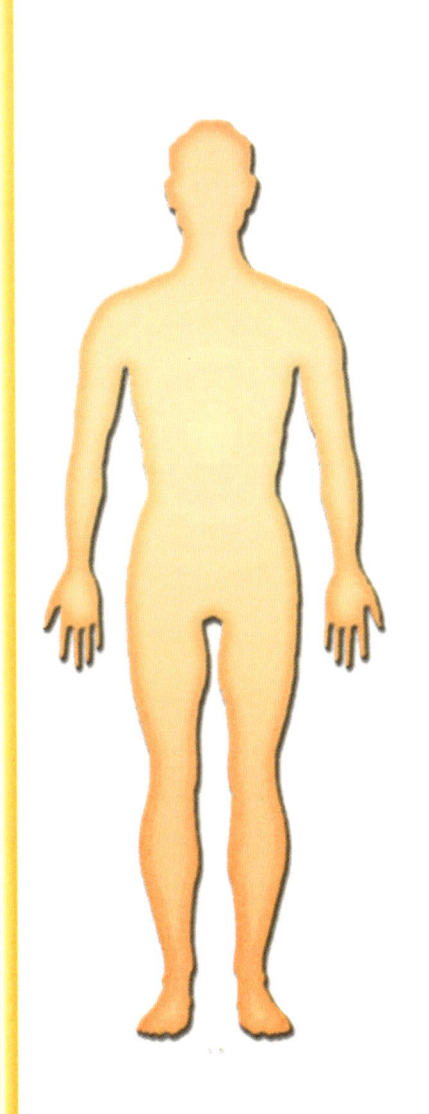

47

NATURALES

OTROS HUESOS

Se ha perdido un esqueleto...

¿A quién pertenecerá este esqueleto? Imagínalo y dibújalo a su lado.

48

CONSEJOS MÉDICOS

NATURALES

Quererte es cuidar tu cuerpo...

Luego de jugar a ser médicos, los niños conversan acerca del cuidado de su salud. Estos son algunos de los cuidados que mencionaron:

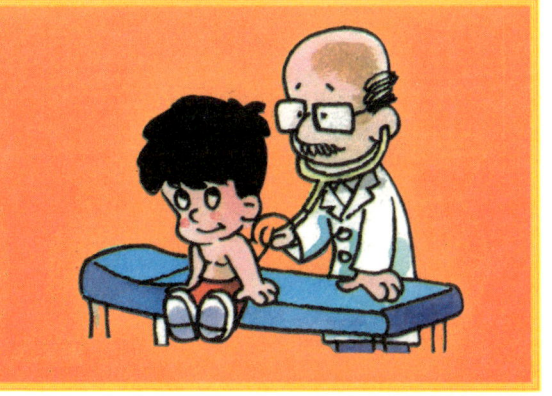

Observa los dibujos.
¿Tú te cuidas de la misma forma?
¿Por qué?

BLA BLA...

49

NATURALES

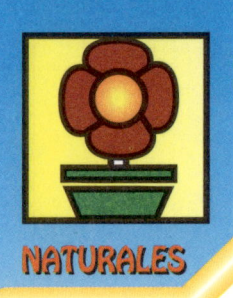

NOS ASEAMOS

Quererte es cuidar tu cuerpo...

Marca con una X los elementos que utilizas para asearte.

¿Qué elementos utilizas para asearte las manos?
¿Y para lavarte los dientes?
¿Con qué frecuencia lo haces?

50

¡ADIVINA ADIVINADOR!

LENGUA

¡Anímate a resolver adivinanzas!

Hoy, Rodrigo está muy misterioso... No deja de decir adivinanzas y sólo responde si las descubren. Vamos a jugar con él...

Une con flechas las adivinanzas con sus respuestas correspondientes.

- **CUANTO MÁS LARGAS SUS PATAS, MÁS RECORTA.**

  PARAGUAS

- **TENGO UN OJO VERDE Y OTRO COLORADO. CON EL ROJO SE DETIENEN LOS COCHES, Y CON EL VERDE SIGUEN ANDANDO.**

  TIJERA

- **CUANDO BRILLA EL SOL ME GUARDAN CERRADO. Y EN DÍAS DE LLUVIA ABIERTO TRABAJO.**

  SEMÁFORO

¿Conoces otras adivinanzas? Plantéaselas a tus amigos.

LENGUA

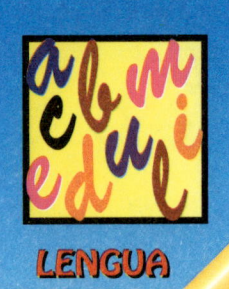

INVENTAMOS ADIVINANZAS

Y ahora... ¡A inventar tus propias adivinanzas!

Observa con tus amigos cada uno de los objetos e inventa nuevas adivinanzas.

GATO

FIBRAS

BICICLETA

FLOR

¡VEO-VEO!

JUEGOS

¡Para jugar con amigos!

Instrucciones para jugar al ¡Veo-veo!

- *Un adulto comienza diciendo: –Veo-veo.*

- *Los niños preguntan: –¿Qué ves?*

- *Adulto: –A uno de estos niños.*

- *Niños: –¿Qué niño es?*

- *Entonces el adulto nombra algunas características del niño que ha elegido como referencia: sexo, color de cabello, ropa que lleva puesta, gustos y preferencias, letra inicial del nombre, etc.*

- *Los niños escuchan las pistas y deben descubrir de quién se trata.*

- *El niño que adivina puede ser el siguiente en encargarse de describir a otro y así sucesivamente.*

BUSCANDO RIMAS

LENGUA

¡Riman que riman las palabras!

En las adivinanzas algunas palabras riman, suenan parecidas... Los niños quieren hacer rimas con sus nombres.

Intenta terminar de decirlas tú.

GERMÁN SE DISFRAZA DE BATMAN...

SOFÍA TOCA LA GUITARRA...

MANUELA HABLA CON SU OSO...

RODRIGO MONTA A CABALLO...

54

INVENTAMOS RIMAS

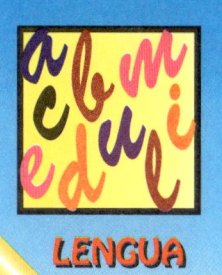

LENGUA

¡Riman que riman las palabras!

Inventa una rima con el nombre de cada uno de estos personajes.

LUZ

MANUELA Y ROCÍO

GERMÁN

SOFÍA

55

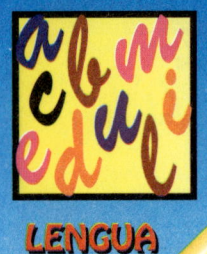

INVENTAMOS MÁS RIMAS

LENGUA

¡Riman que riman las palabras!

Encierra los objetos cuyos nombres terminen parecido.

DINOSAURIO	RADIO	CARAMELO
MARIPOSA	PELOTA	ARMARIO

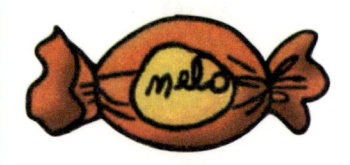

Con las palabras que terminan parecido… ¿qué rima se te ocurre? Anímate a escribirla.

RIMAS Y MÁS RIMAS

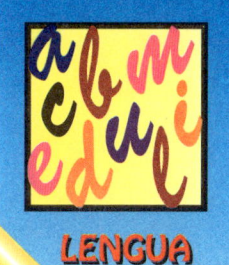

LENGUA

¡Riman que riman las palabras!

Aquí tienes otros dibujos cuyos nombres terminan parecido. Une con una línea aquellos que riman.

Anímate y escribe sus nombres.

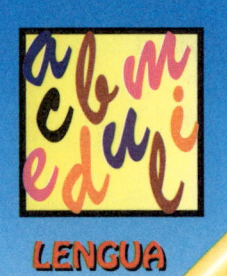

YO BUSCO

LENGUA

¿Qué esconde esta poesía?

Aquí hay un dibujo escondido. Para descubrirlo debes pintar sólo los casilleros que tienen una marca.

BRILLAN DE NOCHE,
DE DÍA SE ESCONDEN,
LUCECITAS DE PLATA
QUE DESDE EL CIELO
NOS SORPRENDEN.

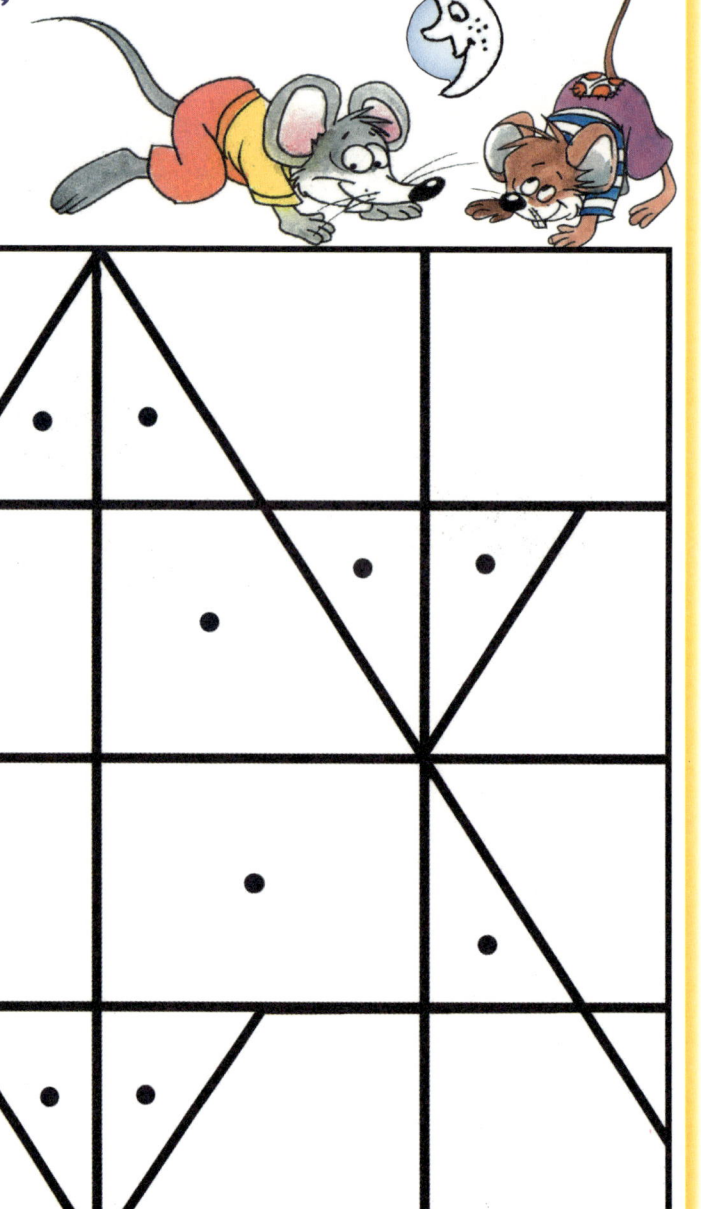

EL TELÉFONO

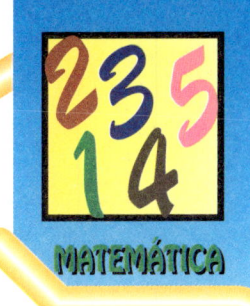

MATEMÁTICA

Y los números… ¿Dónde están?

Escribe como puedas los números que les faltan a las teclas de este teléfono.

¿Conoces tu número de teléfono? Escríbelo aquí.

:

59

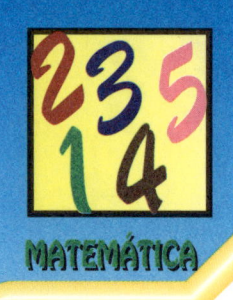

VAMOS DE PASEO

MATEMÁTICA

¡Números en todas partes!

Mira los siguientes objetos y marca los que encuentras en la calle. ¿Qué indican?

LABERINTO ESPECIAL

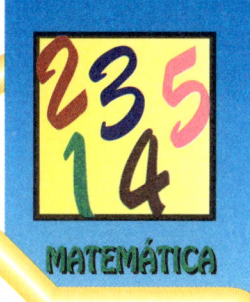

MATEMÁTICA

¡Anímate a recorrer este laberinto!

Traza el camino que une al niño con el globo.

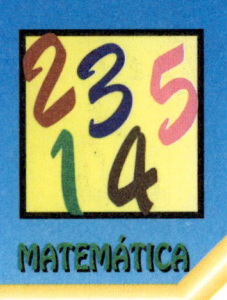

VOLVIENDO A CASA

MATEMÁTICA

¡A observar con mucha atención!

Luego de un día lleno de juegos, cada uno de los niños vuelve a su casa de distinta manera.

Observa sus posiciones, y une con flechas según corresponda.

EN EL VETERINARIO

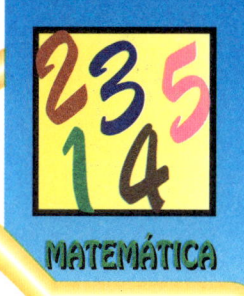

MATEMÁTICA

¡A quién no le gustan las mascotas!

Manuela está preocupada por Negrita, su perra. Hace unos días que está muy cansada y además, ha engordado bastante. Hoy la llevarán a su veterinario.

Piensa y responde estas preguntas. Si no lo sabes pregúntale a un adulto.

¿Sabes de qué se ocupa el veterinario?

¿Cómo conoce todo aquello que es necesario para su trabajo?

Observa la imagen y responde.

¿Tú qué piensas? ¿Qué le puede pasar a Negrita?

NATURALES

UNA LINDÍSIMA NOTICIA...

¡Cada cual con su mamá!

Manuela les cuenta a sus amigos lo que sucede con su mascota: ¡Está esperando cachorros!

Une cada animalito con su correspondiente cría.

LAS MASCOTAS

NATURALES

¡A quién no le gustan las mascotas!

Aquí hay una lista de algunos animales domésticos. Estos animales pueden ser criados en la casa, y aprenden a hacerle caso a su dueño.

Haz una cruz por cada una de las mascotas de tus amigos. Puedes agregar la que no esté en la lista.

PERRO	
GATO	
TORTUGA	
PAJARITO	
PECECITO	

Cuenta. ¿Cuántos niños tienen cada uno de estos animales? Anótalo como puedas a un costado.

LENGUA

HISTORIA DE NEGRITA

¡A leer se ha dicho!

Manuela les contó a todos sus amigos la siguiente historia.

Durante la noche mamá y papá sintieron ruidos en el frente de la casa. Cuando salió papá sólo encontró una bolsa negra. Ya estaba por protestar porque tiraron basura en la puerta, cuando algo en la bolsa se movió. –Pero... ¿qué es esto...?– dijo.
Al abrir la bolsa fue amor a primera vista, primero con papá, luego con mamá, y por la mañana conmigo.
Así fue como Negrita se integró a nuestra familia. Enseguida la llevamos al veterinario, quien se ocupó de revisarla y darle las primeras vacunas. Tenía apenas dos días de vida –eso pensaba el veterinario– y la habían abandonado.
A medida que se ponía más fuerte e iba creciendo, hubo que enseñarle que debajo de la cama no es un buen lugar para hacer pis o caca. Además, que las chinelas de papá no eran ningún hueso como para que ella las estuviera lamiendo y mordisqueando. Y que, aunque a mí también me gustara, el lugar donde debía dormir era en su camita y no en la mía. Aunque en el supermercado le compraba su alimento especial, mamá fue dándose cuenta de que lo que más le gustaba comer eran los fideos con carne.
Y ahora que ya tiene tres años, Negrita es la que va a ser mamá, y le toca enseñarles a sus crías a ser buenos perritos.

Piensa cómo cuidan Manuela y su familia a Negrita. Y tú, ¿cuidas igual a tus mascotas? Explícalo.

LOS ANIMALES Y LO QUE COMEN

NATURALES

¿Cuál es la comida preferida de tu mascota?

Otros animales también pueden vivir con el hombre en su casa. ¿Sabes qué comen? Los niños observaron y leyeron en libros de animales para informarse.

Tú también puedes hacerlo. Une cada animal con su comida preferida.

NATURALES

MÁS DE ANIMALES

¡A observar con mucha atención!

Aunque no siempre los vea... el jardín de Manuela está repleto de animales que viven en él... Mira con atención y los encontrarás.

Márcalos como te parezca.

MIRANDO HUELLAS

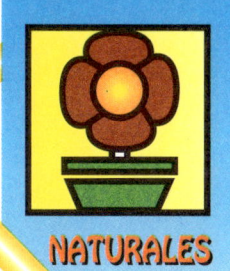

NATURALES

¡Cada huella con su dueño!

En el parque, Manuela encontró estas huellas. Cada una corresponde a alguno de los animales que por allí se desplazan.

Obsérvalas y descubre cuál es de cada uno.

**Dibuja a cada animal.
Escribe sus nombres como puedas.**

NATURALES

¡NACIERON LOS CACHORROS!

¡A observar con mucha atención!

Manuela está feliz. Negrita ha tenido a sus cachorros y ya tiene la primera fotografía de ellos.

Observa la fotografía. Anota como puedas cuántos cachorros ha tenido. ¿De qué se alimentarán?

ANIMALES MAMÍFEROS

NATURALES

¡A crear lo que te gusta con mucha imaginación y fantasía!

Cuando los animales se alimentan con la leche de la mamá se los llama mamíferos.

Dibuja los animales que sabes que se alimentan así.

Además de tomar la leche de la mamá... ¿estos animales se parecen en algo más...? ¿En qué?

Piensa cómo está cubierta la piel de muchos de estos animales.

71

LENGUA

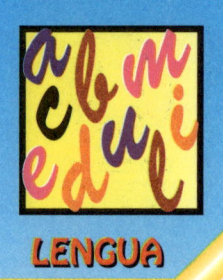

LOS ANIMALES Y SU NOMBRE

¡Cada animal con su nombre!

Une cada palabra con el animal correspondiente. Escribe sus nombres junto a cada dibujo.

TORTUGA

GATO

PEZ

PERRO

CADA UNO EN SU CASA

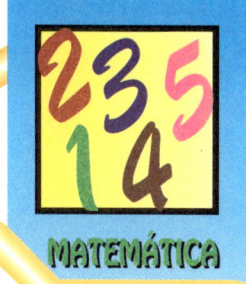

MATEMÁTICA

¡Hogar dulce hogar!

Une con flechas a cada perro con su casilla para que todos estén cómodos.

Dibuja de mayor a menor, en la línea de arriba las casillas y, en la de abajo, los perritos.

MATEMÁTICA

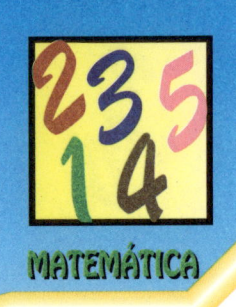

¡CUÁNTOS SON!

¡Qué familias numerosas!

¿Cuántas crías tuvo cada mamá? Cuéntalas y anota como puedas la cantidad.

¿Cuál tuvo más crías?

¿Cuál tuvo menos?

¡YA CAMINAN!

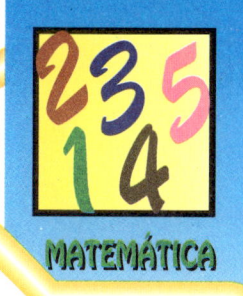

MATEMÁTICA

Pasito a pasito llegamos a destino…

Los cachorros ya comienzan a andar solos. Pero luego regresan con su mamá. ¿Qué camino recorre cada uno para llegar a ella?

Encuéntralo y marca el de cada uno con un lápiz de distinto color.

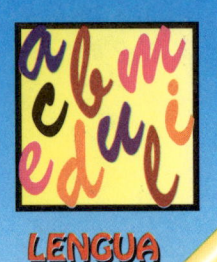

¡A LEER!

LENGUA

¡Cuántos libros interesantes para leer!

Buscando información acerca de los animales, los niños visitaron la biblioteca más grande de la ciudad. Allí había libros de todo tipo. Observa las tapas de los libros. ¿De qué te parece que pueden tratar? ¿Acerca de qué tema te agradan más?

Marca como te parezca el libro que te interesa.

Cuentos de Hadas

Perros

¿Qué dirá en el título?

Tienes un libro en blanco para que tú inventes su tapa. ¿De qué puede tratarse?

UN CUENTO CON MOVIMIENTO

JUEGOS

¡Para jugar con amigos!

Instrucciones para el juego.

• *Los jugadores se ubican sentados en el piso formando una ronda.*

• *Luego un adulto comienza a relatar una historia, enumerando los personajes de la misma mientras que cada uno de los participantes elige sólo uno.*

• *Durante el transcurso del relato, cuando cada personaje es nombrado, el niño que lo ha elegido debe cambiar su lugar en la ronda, tantas veces como el mismo es mencionado.*

• *Una variante es situar la historia en un lugar y, cada vez que el sitio sea nombrado, todos los jugadores deben levantarse y ocupar un lugar diferente en la ronda.*

• *También los niños pueden elegir los personajes y el adulto inventar una historia a partir de ellos.*

NATURALES

YO APRENDÍ

¡A crear lo que te gusta con mucha imaginación y fantasía!

Al conversar acerca de los cambios y el crecimiento de Negrita, los niños se dieron cuenta de que también ellos habían crecido y aprendido mucho durante el último año: a escribir su nombre y el de sus amigos, a ir a lavarse solos las manos, que estaban más altos y fuertes...

Y tú... ¿qué sientes que aprendiste en un año? Dibújalo.

BUSCANDO LO DIFERENTE

¡A observar con mucha atención!

Observa cada renglón. Hay algo en cada uno que no tiene que estar con los demás. Márcalo como te parezca.

¡A GUARDAR!

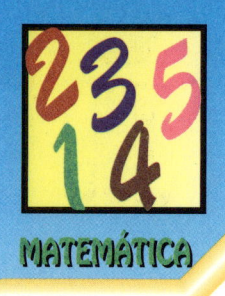

MATEMÁTICA

¡Cada cosa en su lugar!

Une con flechas y acomoda cada ficha en la caja que le correponde.

5 Y 1 A 3 M J 7 C 2

LETRAS

NÚMEROS

¿CÓMO SE LLAMAN?

LENGUA

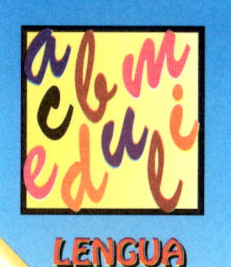

¡A pintar nombres propios!

Lee estos carteles y pinta los que nombran personas.

NÚMERO	PLANTA
SOFÍA	TOMÁS
PALABRA	RODRIGO
DANIEL	MARINA
ANIMAL	JUGUETE

MATEMÁTICA

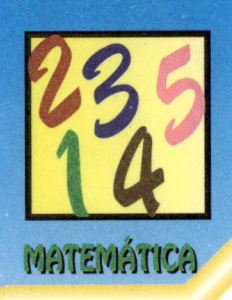

AGRUPANDO

¡Anímate y desafíate en esta actividad!

Une con una línea aquellos elementos que te parezca que tienen que ir juntos.

¡A DIBUJAR LO QUE FALTA!

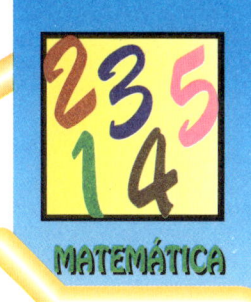

MATEMÁTICA

¡No olvides observar con mucha atención!

Completa en cada uno de estos dibujos lo que le falta para estar igual al primero.

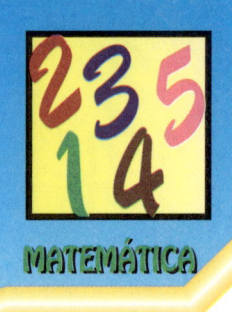

¡A COMPLETAR!

¡No olvides observar con mucha atención!

A cada uno de estos dibujos le falta una parte. Complétalos.

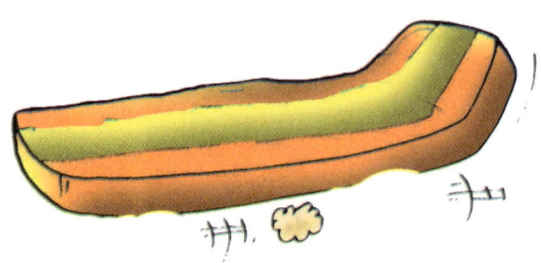

SILUETAS CONOCIDAS

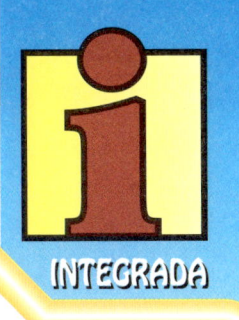

INTEGRADA

¡A crear lo que te gusta con mucha imaginación y fantasía!

Completa estas siluetas que corresponden a distintos objetos.

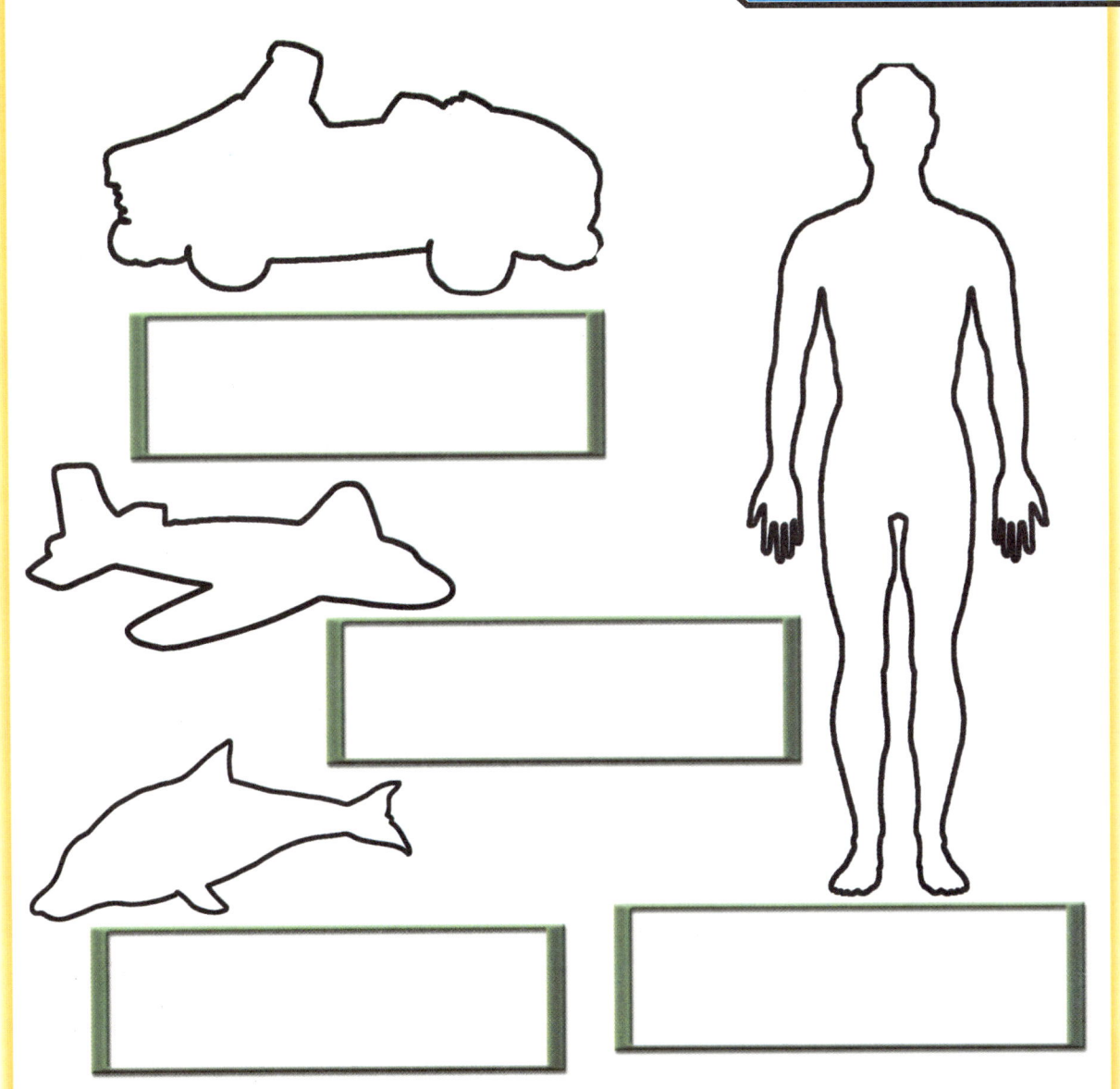

Escribe como puedas en los recuadros el nombre de cada uno de estos dibujos.

NATURALES

UNA MERIENDA ESPECIAL

Y a ti... ¿qué te gusta merendar?

Para celebrar el cumpleaños de Manuela, sus amigos decidieron tener una merienda especial. Van a preparar una ensalada de frutas... ¿Qué ingredientes te parece que van a usar?

Márcalos como te parezca.

HACEMOS UNA LISTA

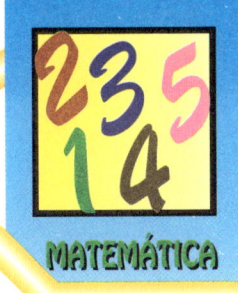

MATEMÁTICA

¡A comprar todo lo necesario para la merienda especial!

Los niños armaron la lista y la mamá de Rodrigo fue la encargada de comprar todo.

Dibuja en la bolsa las frutas tal como aparecen en la lista.

2 MANZANAS   3 NARANJAS

5 DURAZNOS   3 PLÁTANOS

MATEMÁTICA

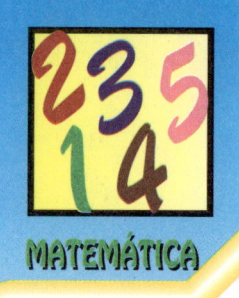

ARMAMOS ROMPECABEZAS

¡Un rompecabezas que te rompe la cabeza!

Las piezas de este rompecabezas están mezcladas.

Reproduce y recorta estas piezas y luego ármalo como debería ser.

EXTRAÑO ROMPECABEZAS

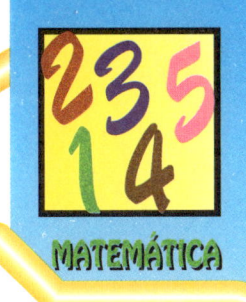

MATEMÁTICA

¡A observar con mucha atención!

Señala con un color las partes que forman esta imagen.

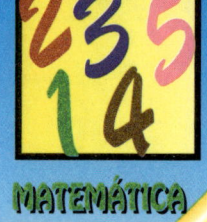

AUTOMÓVILES DE COLORES

MATEMÁTICA

¡Giran que giran las ruedas!

Une cada automóvil con las ruedas que le corresponden. Pinta de un color a cada uno.

FIGURAS GEOMÉTRICAS

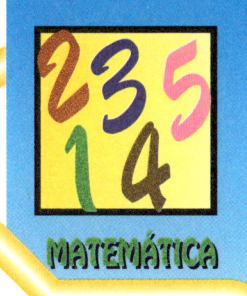

MATEMÁTICA

¡Cosas de familia!

Reproduce y recorta esta figuras. Luego arma con ellas grupos según sus formas.

91

MATEMÁTICA

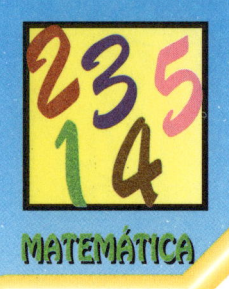

LA PARED

¡A construir como si fueses un albañil!

Manuela construyó una pared, pero algunos de los bloques se le cayeron.

Obsérvalos y marca con una línea dónde iba cada uno.

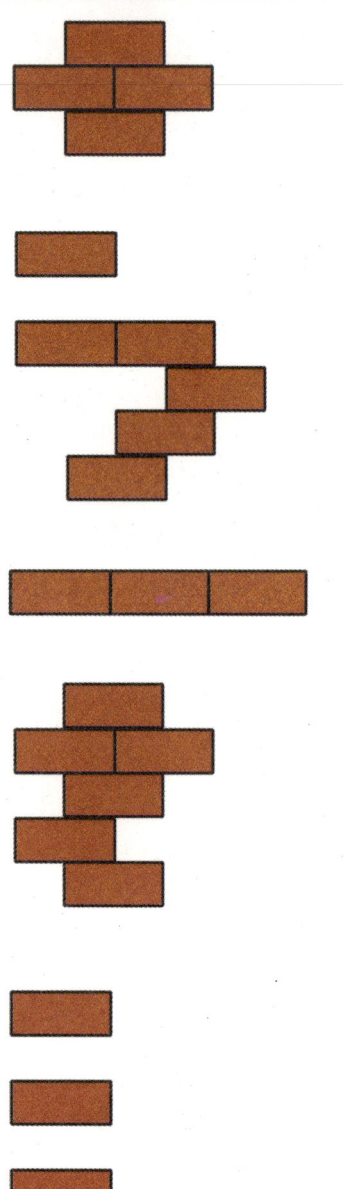

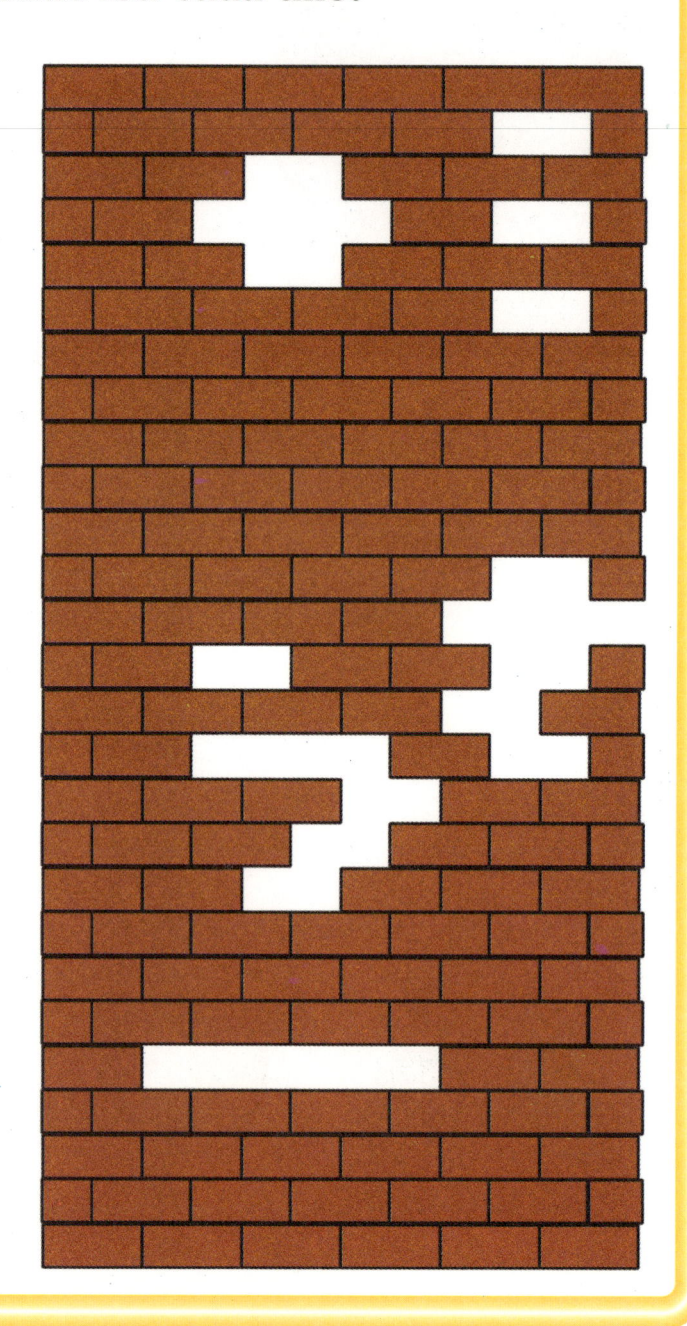

LA MERIENDA DEL CUMPLEAÑOS

NATURALES

¿Recuerdas la merienda especial?

Dibuja los alimentos necesarios para organizar la merienda del cumpleaños de Manuela.

EN LA PISCINA

SOCIALES

¡Al agua pato!

Manuela invitó a sus amigos a la piscina de su casa. Sofía está preparando su bolso. Sobre la cama puso todo lo que se le ocurrió llevar. Pero algunas cosas no son necesarias para jugar en el agua.

Observa todas las cosas y marca sólo aquellas que debe llevar.

NOS PREPARAMOS PARA IR A LA PISCINA

SOCIALES

¡Al agua pato!

Dibuja en la mochila elementos con los que se pueda jugar en el agua.

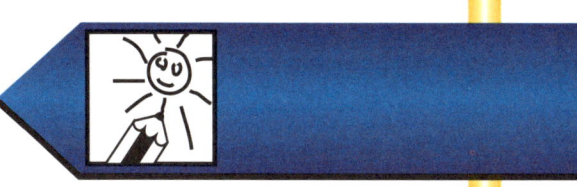

MATEMÁTICA

COSAS RARAS

¡A observar con mucha atención!

Marca los objetos extraños que encuentres y anota cuántos hallaste.

PREVENIR ACCIDENTES

¡Más vale prevenir que curar!

En la piscina se divierten a lo loco pero también deben tener mucho cuidado.

Obsérvalos y marca como te parezca aquellas acciones que no deben hacerse.

NATURALES

97

MATEMÁTICA

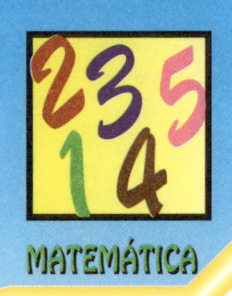

LA COMPETENCIA

¡Una carrera de descalzos!

Antes de cambiarse organizan una competencia. Cada uno debe llegar hasta sus ojotas.

Si unes cada línea de puntos con un color distinto, sabrás cuál pertenece a cada uno.

98

¡A COMER!

NATURALES

¿Quién no tiene hambre luego de jugar todo el día?

Luego de jugar en el agua, los niños tenían muchísima hambre. ¿Qué te parece que habrán merendado esa tarde?

Marca como te parezca las meriendas posibles.

Y a ti... ¿qué te gusta merendar? Dibújalo.

NATURALES

LOS ALIMENTOS Y SU ORIGEN

¿De dónde vienen estos alimentos?

Une con flechas según corresponda.

RODRIGO DESAYUNA

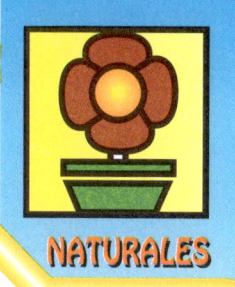

NATURALES

¡Para comenzar el día con mucha energía!

A Rodrigo le encanta desayunar café con leche con tostadas.

Observa los siguientes desayunos. Marca con una X el preferido de Rodrigo.

¿Cuál es el tuyo? Fíjate si aparece; si no, dibújalo. ¿Y el de tus amigos? Pregúntales y márcalo con una X.

Cuenta cuántas cruces hiciste en cada desayuno. ¿Cuál es el que les gusta a más niños?

101

SOCIALES

VAMOS A LA ESCUELA

¡A observar con mucha atención!

Observa estas acciones. Marca con una X cuáles realizas antes de ir a la escuela. Si falta alguna, dibújala.

102

JUGAMOS CON CARTELES

JUEGOS

¡Para jugar con amigos!

Instrucciones para el juego.

- *Nos dividimos en dos grupos.*

- *Cada grupo escribe carteles con los nombres de cada uno de los integrantes.*

- *Luego cada equipo entrega sus carteles al equipo contrario.*

- *Comenzamos a jugar: un grupo esconde los carteles dentro de una habitación mientras el equipo contrario permanece fuera de ella.*

- *Luego, este último entra a la habitación y cada uno de los participantes debe encontrar el cartel con su respectivo nombre.*

- *Los jugadores pueden ayudarse entre sí.*

- *A medida que los van encontrando deben sentarse con el cartel en su mano.*

- *Una opción interesante consiste en que un adulto registre el tiempo que tarda cada jugador en encontrar su nombre, para así indicar quién tardó menos.*

"EL BAILE DE LAS SILLAS"

JUEGOS

¡Para jugar con amigos!

Instrucciones para el juego.

- **Preparamos el grabador y la música que más nos guste bailar, e invitamos a muchos amigos a jugar.**

- **Escribimos carteles con el nombre de cada uno.**

- **Formamos una ronda de sillas y colocamos en cada una un cartel.**

- **Una vez todo listo... ¡a bailar!**

- **Pero cuando se interrumpe la música, cada uno debe correr a sentarse en la silla donde se encuentra su cartel.**

- **Vamos cambiando los carteles de lugar, repetimos lo anterior y continuamos jugando.**

¡A CONTAR!

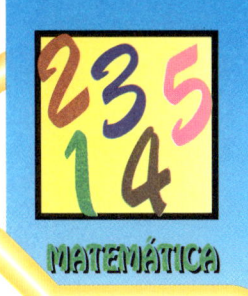

MATEMÁTICA

¡A observar con atención!

Cuenta los útiles que Rodrigo guardó en su estuche para ver que no se olvide nada, y anótalo.

¿CUÁNTAS FIBRAS TIENE?

¿CUÁNTOS LÁPICES TIENE?

¿CUÁNTAS GOMAS TIENE?

¿CUÁNTAS COLAS VINÍLICAS TIENE?

¿CUÁNTAS TIJERAS TIENE?

¿CUÁNTOS BOLÍGRAFOS TIENE?

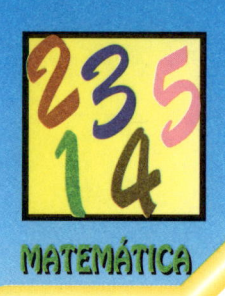

AGENDA TELEFÓNICA

Para comunicarte con tus amigos...

Completa esta agenda con el nombre y el número telefónico de tus amigos.

NOMBRE	TELÉFONO

LOS TRENES DE RODRIGO

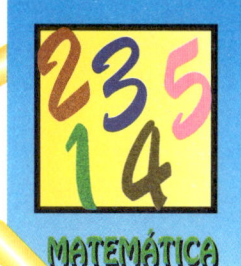

MATEMÁTICA

Viajando, viajando en un tren imaginario…

A Rodrigo le encantan los trenes. Tiene varias vías, y ubica en cada una trenes que hace de cuenta van a lugares distintos. El tren que va hacia la estación es más corto que el que sale de ella.

**Dibuja a cada uno sus vagones.
¿Cuál tendrá más vagones?**

Dibuja lo que imaginas que puede llevar cada vagón.

LENGUA

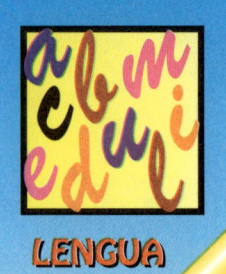

¡A ENCONTRAR RIMAS!

¡Riman que riman las palabras!

Rodrigo y sus amigos inventaron rimas de piratas.

Lee cada oración y únela con el dibujo cuyo nombre rima.

EL PIRATA BARBA AZUL
SE ESCONDIÓ EN UN...

SILLA

EL PIRATA BARBA ROJA
COME UNA...

ANCLA

EL PIRATA BARBA BLANCA
LEVANTA EL...

TORONJA

EL PIRATA BARBA AMARILLA
SE SIENTA EN UNA...

BAÚL

¡A DESCUBRIR DISPARATES!

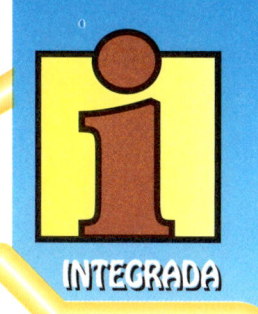

INTEGRADA

¡A observar con atención!

Observa y marca como te parezca los disparates de este barco pirata.

Pinta un cuadradito por cada disparate que encuentres.

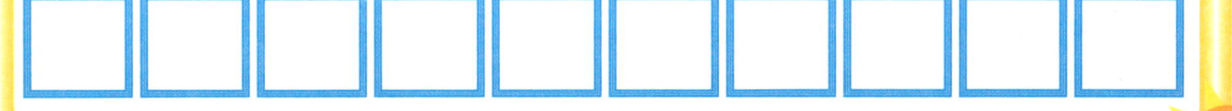

109

LENGUA

EMPIEZAN IGUAL

Lunes empieza con...

Une el día de la semana con el dibujo cuyo nombre suene igual, y escríbelo como puedas.

LUNES

MARTES

JUEVES

SÁBADO

DOMINGO

Puedes pensar otras palabras que comiencen como cada día de la semana.

PRONÓSTICO DE LLUVIA

NATURALES

¡Llueve sobre mojado!

Rodrigo comenta a sus amigos que ayer a su abuelo, a causa de la lluvia, se le mojó su sombrero y se le arruinó. Hoy escuchó en la radio que durante el día seguirá habiendo bastantes lluvias.
Ellos miran por la ventana cómo está el día.

Marca como quieras la ventana que corresponde al pronóstico que escuchó Rodrigo.

Une cada ventana con el código gráfico que corresponde a ese estado del tiempo.

111

NATURALES

EL ESTADO DEL TIEMPO

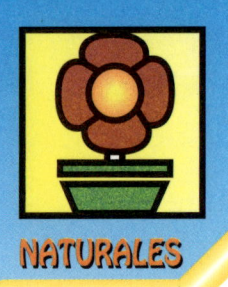

¡Llueve sobre mojado!

Registra con dibujos el estado del tiempo de cada día.

	SOL	NUBES	LLUVIA	VIENTO
LUNES				
MARTES				
MIÉRCOLES				
JUEVES				
VIERNES				
SÁBADO				
DOMINGO				

Al finalizar la semana...

¿Cuántos días de ☀ hubo?

¿Cuántos días con ☁ hubo?

¿Cuántos días de 🌧 hubo?

¿Cuántos días con 💨 hubo?

¿Necesitas algún otro código? ¿Por qué?

JUGAMOS UNA CARRERA

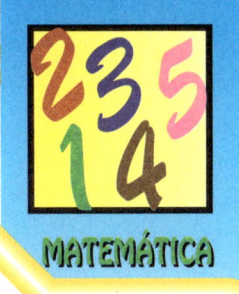

MATEMÁTICA

¡Apresúrate y gana esta carrera!

Rodrigo y sus amigos jugaron una carrera. Así se ubicaron en el podio.

Ponle a cada uno el número que le corresponde según el orden en que llegó.

¿Quién ganó la carrera? _____

¿Manuela en qué lugar llegó? _____

¿Quién perdió? _____

MATEMÁTICA

BANDAS NUMÉRICAS

¡Qué mezcla de números!

Completa estas series numéricas. Luego reprodúcelas, recórtalas y arma tres series diferentes.

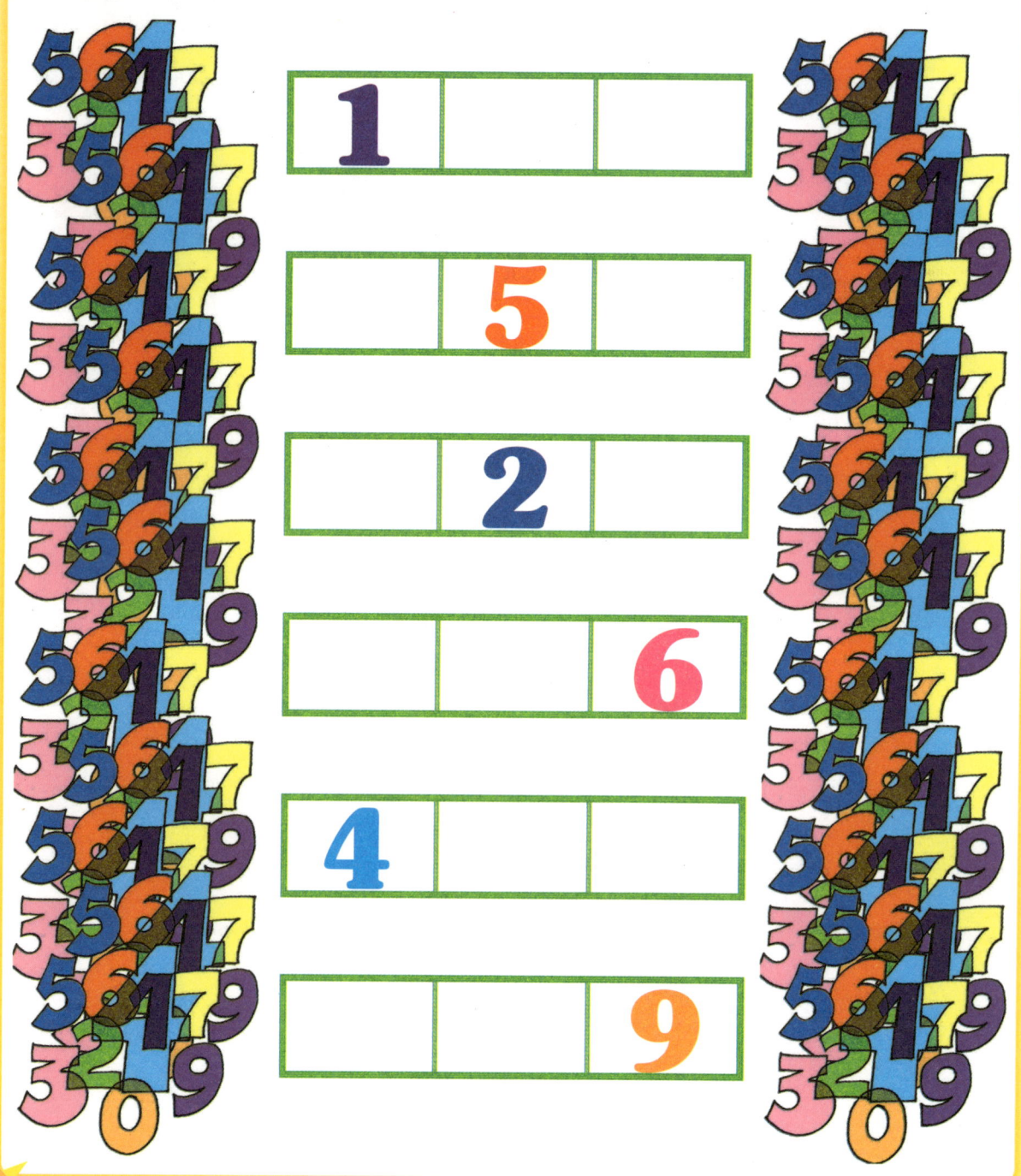

| 1 | | |

| | 5 | |

| | 2 | |

| | | 6 |

| 4 | | |

| | | 9 |

RODRIGO Y SUS AMIGOS

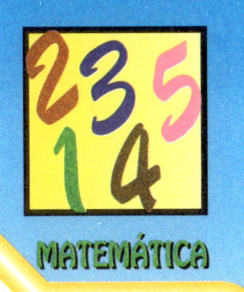

MATEMÁTICA

Y tú… ¿cuántos amigos tienes?

En el grupo de Rodrigo son 5 nenas y 7 varones.

Pinta en cada barra la cantidad total de nenas y de varones del grupo de amigos de Rodrigo.

NENES   **NENAS**

INTEGRADA

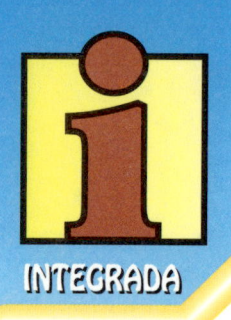

¡A JUGAR A LAS ESCONDIDAS!

¡A observar con mucha atención!

Rodrigo invitó a sus amigos a jugar a las escondidas en su casa.

Observa la escena y señala a cada uno cuando lo encuentres.

¿Y... tú? ¿Dónde te hubieras escondido? Dibújate allí.

EL CONTROL REMOTO

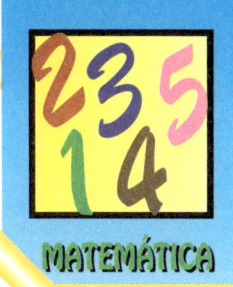

MATEMÁTICA

¡Atrévete a arreglar el control remoto como si fueras un técnico!

Rodrigo va a mirar la televisión por un ratito. Pero algo pasa con el control remoto. Obsérvalo.

Completa con los números que faltan para que Rodrigo pueda usar su control remoto.

MATEMÁTICA

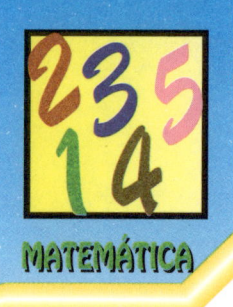

USAMOS EL CONTROL REMOTO

¡A sintonizar tu televisor!

A Rodrigo le encanta ver documentales de animales. Generalmente los encuentra en el canal 15.

Pinta los números que debe marcar para sintonizar este canal.

¿Y... a ti? ¿Qué programa te agrada ver? Dibújalo en la pantalla de este televisor y pinta los números que debes marcar para sintonizarlo.

118

LA PROGRAMACIÓN DE TV

LENGUA

¡A sintonizar tu televisor!

Pregunta a tu familia cuáles son sus programas favoritos, y marca con una X cada opción elegida.

PROGRAMAS	PERSONAS
DIBUJOS ANIMADOS	
DOCUMENTALES	
NOTICIARIOS	
PELÍCULAS	
TELENOVELAS	

SOCIALES

LAS PERSONAS SE INFORMAN

¡Cuánta información transmitida!

A través de la televisión, de la radio y de los periódicos, las personas se informan. Cada uno de estos medios está transmitiendo información.

Escribe como quieras qué información está transmitiendo cada uno.

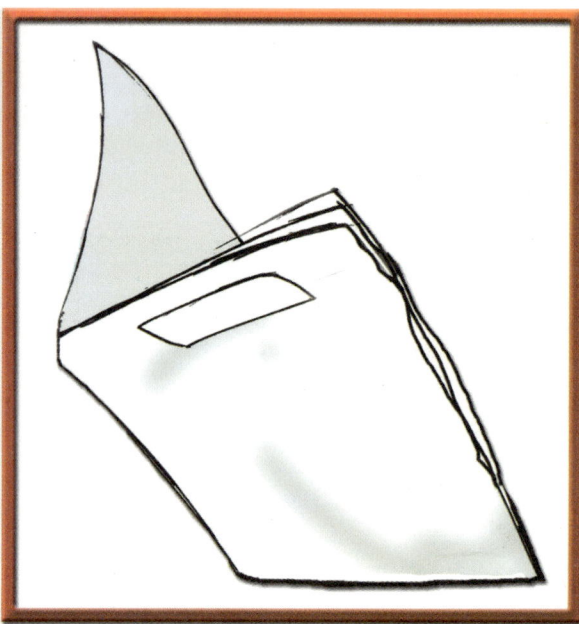

LA TELEVISIÓN

SOCIALES

¡A pintar con mucha imaginación!

La televisión ha cambiado en los últimos años hasta ser como tú la conoces hoy. Antes la imagen era en blanco y negro, en cambio hoy se puede ver en colores. ¿Quieres hacer la prueba...?

Pinta una de las imágenes con lápiz negro, más suave o más fuerte, y la otra con colores.

121

SOCIALES

LAS NOTICIAS

¡A informarnos se ha dicho!

Observa la tapa de este periódico.

Notidía

LUNES 5 DE MAYO DE 2010
El clima: Cálido y soleado.
Temperaturas: Máx. 28º Mín. 21º
Sensación térmica: 25º

NACE UN OSO PANDA EN CAUTIVERIO

Un grato momento se vivió hoy en el zoológico de la ciudad, al producirse el nacimiento del primer oso panda en sus instalaciones.

Ryu Chi, el pequeño oso panda nacido hoy en el zoo de la ciudad, se encuentra en perfecto estado de salud, según el comunicado emitido por dicha institución.

El osezno pesa tan solo 10 kilogramos. Al abrir sus ojos enseguida reconoció a su madre, Pi Chu, quien orgullosa comenzó a amamantarlo. Ryu Chi es uno de los primeros ejemplares de esta especie que nace en cautiverio. Los osos panda se encuentran en peligro de extinción y varias instituciones como el zoo luchan por su conservación. **PAG. 21**

Choque múltiple en la Ruta 16

Chocaron 5 vehículos pero no se registraron heridos de gravedad.

Afortunadamente no hubo heridos graves en el choque múltiple ocurrido esta tarde en la ruta 16. Varios automóviles colisionaron cuando un camión trailer sufrió la rotura de un neumático. El conductor perdió el control del vehículo y no pudo frenarlo, lo que ocasionó el inicio de un choque en cadena. El accidente causó gran congestionamiento de tránsito. **PAG. 38**

DEPORTES

Olimpíadas 2005: Grecia se prepara

El mundo del deporte de fiesta: La antorcha olímpica arderá durante 20 días en Atenas.

Marca con un círculo su nombre y señala la noticia que más te gusta.

122

SHHH... ESTAMOS EN EL AIRE...

SOCIALES

¡A observar con mucha atención!

Observa la escena. Tú sintonizas tu radio, pero aquí puedes ver la emisión del programa desde el estudio. Los locutores animan el programa, mientras los técnicos controlan el sonido, los micrófonos y demás.

Pero algunas situaciones extrañas suceden. Márcalas como te parezca.

EN EL AIRE

123

SOCIALES

EN LA REDACCIÓN

¡Anímate a recorrer el circuito de producción de una noticia!

Ordena numéricamente las siguientes escenas.

DE LA NOTICIA AL LECTOR

SOCIALES

¡Anímate a recorrer el circuito de producción de una noticia!

Desde la producción de una noticia hasta que el lector la lee en el periódico pasan muchas cosas.

Dibuja cada etapa.

MATEMÁTICA

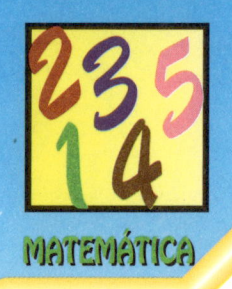

LAS CINCO DIFERENCIAS

¡A observar con mucha atención!

Observa cuidadosamente estas dos escenas: aunque se vean iguales, son sólo parecidas.

Marca las 5 diferencias con una cruz. Pinta el número correspondiente cada vez que encuentres una.

1 2 3 4 5

MUCHAS GUARDAS

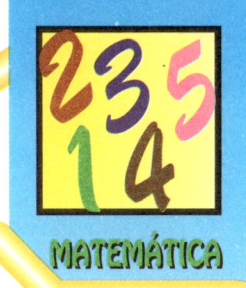

MATEMÁTICA

¡A copiar figuras!

Así comienzan las siguientes guardas. Completa el renglón siguiendo cada modelo.

Inventa tu guarda.

127

MATEMÁTICA

SERIES ORDENADAS

¡A observar con mucha atención!

Aquí hay algunas series. A lo largo del renglón las mismas figuras se van repitiendo en orden. Pero observa con atención, porque en algunas hay una figura que no va.

Encuentra la figura que no corresponde y táchala.

LÍNEAS

¡Mareado, mareado me dejan estos garabatos!

Rodrigo estaba aburrido, y llenó esta hoja de garabatos y líneas rectas y curvas.

Rodea con un color las líneas rectas y con otro las líneas curvas.

MATEMÁTICA

TRUCOS DE MAGIA

¡Qué mago tan desordenado!

Observa las escenas y ordena el truco que hizo el mago, enumerándolas.

¿Qué sucedió primero?

¿Y luego?

El mago previó que de su galera sacaría un conejo.

Finalmente... ¿habrá podido realizar el mago su truco?

¿Qué piensas?

Imagina cómo terminó su acto... ¿lo habrá logrado?

EL MAGO Y SU GALERA

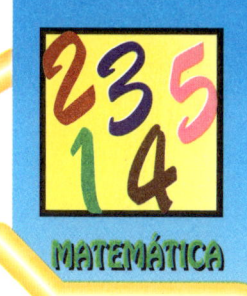

MATEMÁTICA

¡Qué mago tan desordenado!

Dibuja las escenas anteriores en orden, y en el último cuadro cómo terminó su acto.

1	2
3	

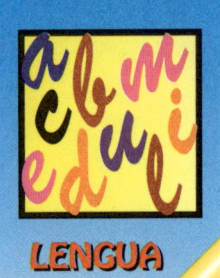

ESCUCHANDO RIMAS

LENGUA

¡Riman que riman las palabras!

Escucha la rima. Luego ordena las siguientes imágenes.

¿VISTE UN ELEFANTE
CON TRAJE AMARILLO,
SOMBRERO DE LANA
Y LARGO FLEQUILLO?

Edith M. Russo

ORDENANDO RIMAS

LENGUA

¡Riman que riman las palabras!

Dibuja las imágenes como cuenta la rima.

¿VISTE UN ELEFANTE

CON TRAJE AMARILLO,

SOMBRERO DE LANA

Y LARGO FLEQUILLO?

MATEMÁTICA

PECES EN LA TELEVISIÓN

¡A viajar por el fondo del mar!

A Rodrigo le encantan los documentales de animales. Está mirando uno acerca de unos peces.

Observa tú también la pantalla y marca según corresponda.

¿CUÁNTOS PECES HAY EN TOTAL?

| 10 | 9 | 7 |

¿CUÁNTOS PULPOS HAY EN TOTAL?

| 1 | 4 | 7 |

¿CUÁNTOS TIBURONES HAY EN TOTAL?

| 2 | 7 | 1 |

¿CUÁNTOS ANIMALES HAY EN TOTAL?

| 10 | 11 | 12 |

SUMANDO PECES

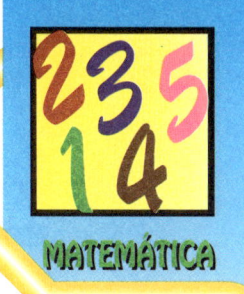

¡A sumergirse en peceras burbujeantes!

Dibuja en cada pecera los peces que faltan para que haya tantos como indica cada casillero.

7

9

11

12

¿En cuál pecera hay más peces?
¿En cuál hay menos?
¿En algunas hay la misma cantidad?

LA PECERA DE RODRIGO

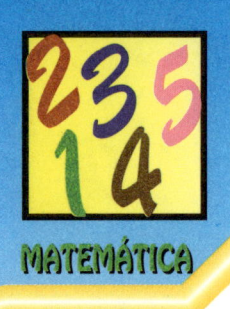

MATEMÁTICA

¡A sumergirse en peceras burbujeantes!

Esta es la pecera de Rodrigo. Pinta los peces según indica el código.

NINGÚN PEZ ES VIOLETA

UN PEZ ES AMARILLO

MUCHOS PECES SON AZULES

ALGUNOS PECES SON ROJOS

¿Cuántos peces has pintado de cada color? Anota y colorea cada burbuja según corresponda.

◯ ☐ PECES   ◯ ☐ PECES
◯ ☐ PECES   ◯ ☐ PECES

RAYUELA

¡Para jugar con amigos!

Instrucciones para el juego.

- *El juego consiste en saltar por turnos y en forma ordenada, ascendente y descendente, un tablero de diez casilleros (rayuela).*
- *Se dibuja la rayuela en el piso con los casilleros numerados.*
- *Se comienza el juego arrojando una piedra en el casillero número 1. El jugador salta (sin apoyarse donde está la piedra) en uno y en dos pies según tenga casilleros libres hasta alcanzar el décimo.*
- *Al regresar, debe recoger la piedra y saltear ese casillero hacia la salida.*
- *Luego siguen los demás niños hasta terminar la vuelta. Se procede igual con el 2, y así hasta alcanzar el número 10.*
- *Si falla un jugador, pierde su turno y continúa otro.*

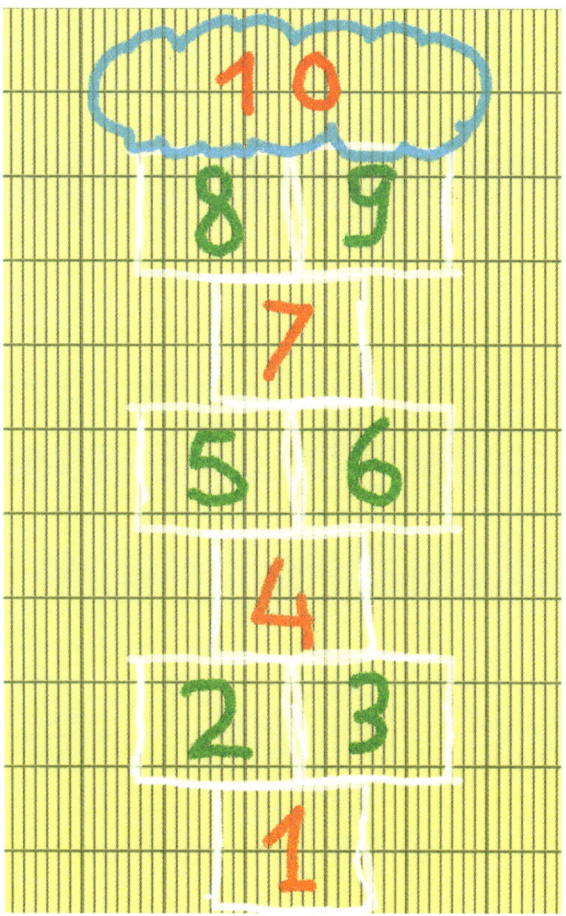

Variante:

- *Dividirse en dos o tres grupos. El primer niño de cada uno tira hasta el 1, el segundo hasta el 2, y así sucesivamente hasta llegar al 10. El equipo que termina en menos tiempo, gana. Si alguno erró su tiro, el nene que le sigue debe volver a tirar hasta el número que erró.*

MATEMÁTICA

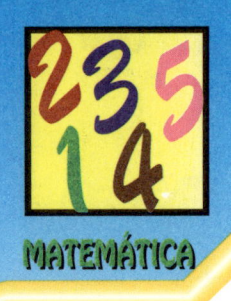

EN EL JARDÍN

Entre plantas y macetas...

Observa y señala en cada fila cuántos elementos hay de cada uno.

1 2 3 4 5 6 7 8 9 10

1 2 3 4 5 6 7 8 9 10

1 2 3 4 5 6 7 8 9 10

1 2 3 4 5 6 7 8 9 10

1 2 3 4 5 6 7 8 9 10

SERES VIVOS

NATURALES

¡A observar con mucha atención!

Observa la escena y encierra con un círculo los seres vivos que encuentres.

¿Has encerrado las plantas? ¿Por qué?

139

NATURALES

LAS PLANTAS

Entre plantas y macetas...

A la mamá de Rodrigo le encantan las plantas y se esfuerza mucho por cuidarlas.

Obsérvalas y señala en qué se parecen.

¿Cuántas plantas tienen hojas?

¿Cuántas plantas tienen tallo?

¿Cuántas plantas tienen flores?

¿Cuántas plantas están en maceta?

MUCHAS HUELLAS

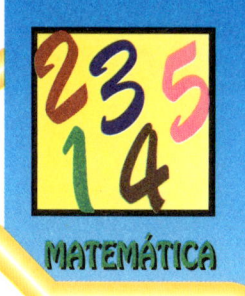

¡Cada huella con su dueño!

Une cada huella con el animal al que pertenece.

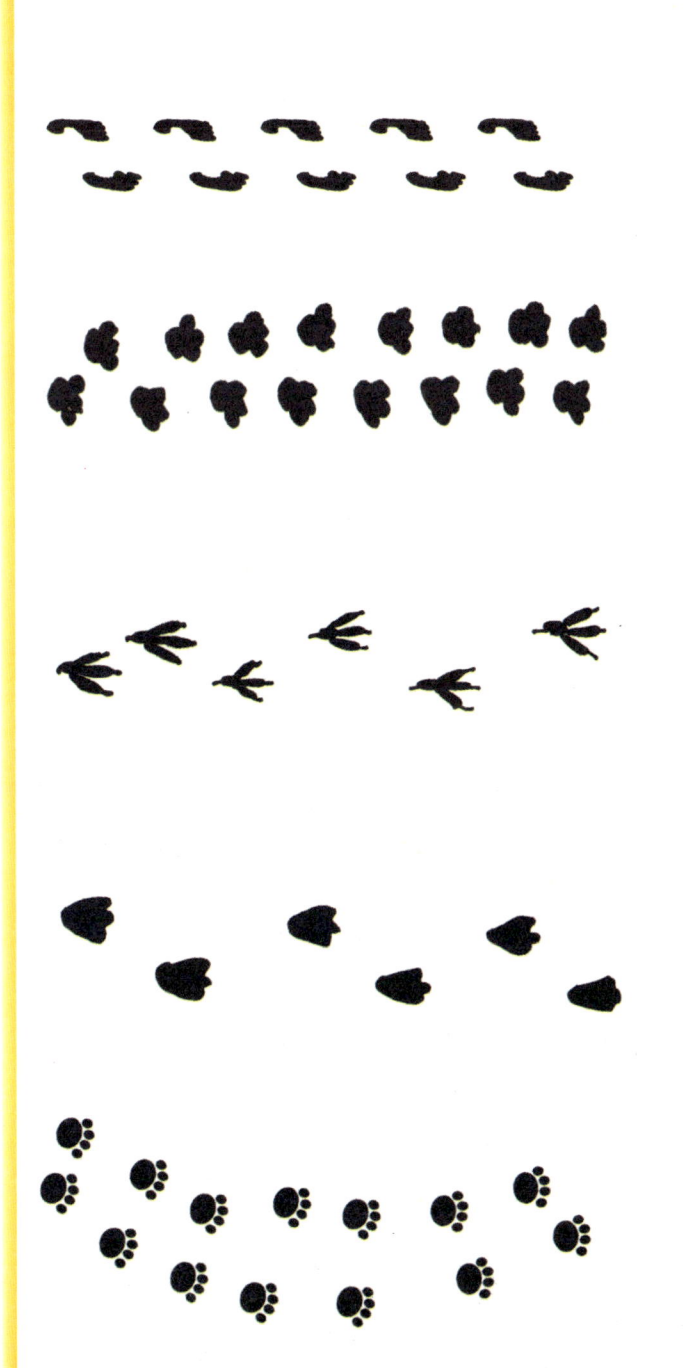

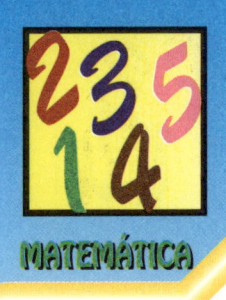

EL CAMINO DE LA LOMBRIZ

¡Atrévete a recorrer un camino subterráneo!

Señala el camino que recorre la lombriz para encontrarse con sus amigas.

HISTORIA DE UNA SEMILLA

NATURALES

¡Crecen, crecen las plantitas verdes!

Ponle a cada imagen el número según el orden que corresponda, y explica qué sucede en cada una.

LENGUA

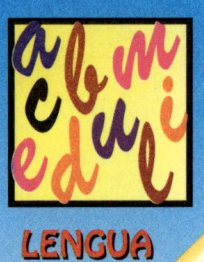

NOMBRES QUE EMPIEZAN IGUAL

Araña empieza con...

Une con una línea los objetos cuyos nombres comienzan con la misma letra.

Escribe el nombre de cada objeto.

144

LA HABITACIÓN DE RODRIGO

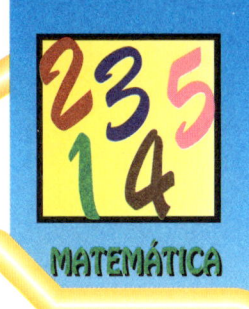

MATEMÁTICA

¡A poner orden sin protestar!

Rodrigo ha estado ordenando su habitación.

Observa los estantes y pinta según las indicaciones.

PINTA CON 🔴 **EL OBJETO ANTES DE CADA MOCHILA.**

PINTA CON 🟢 **EL OBJETO DESPUÉS DE CADA PELOTA.**

PINTA CON 🔵 **EL OBJETO ENTRE LA PELOTA Y EL LIBRO.**

LENGUA

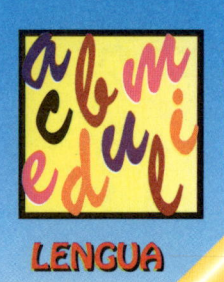

PALMEANDO SÍLABAS

¡Bla bla bla... no pares de palmear!

Nombra cada uno de los objetos. Da tantas palmadas como sílabas tengan y anota una raya por cada una.

Pinta del mismo color los objetos cuyos nombres tienen la misma cantidad de sílabas.

146

LOS QUE SE REPITEN

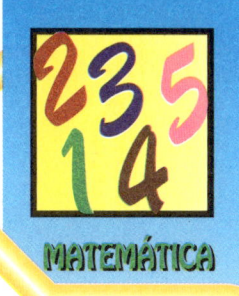

¡A observar con mucha atención!

Marca los detalles que se repiten en estas dos escenas y pinta un casillero por cada uno.

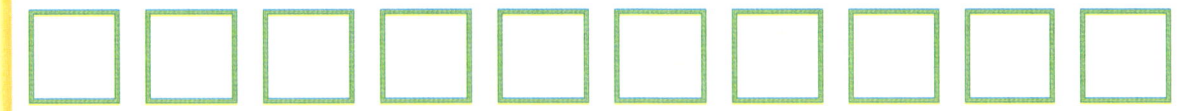

¿Cuántos encontraste?

MATEMÁTICA

FORMAS GEOMÉTRICAS

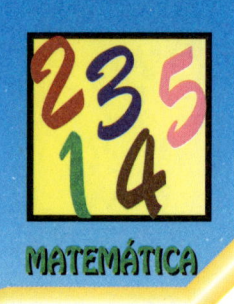

¡Una carrera de figuras geométricas!

Observa este dibujo y pinta de un mismo color cada forma geométrica que se repite.

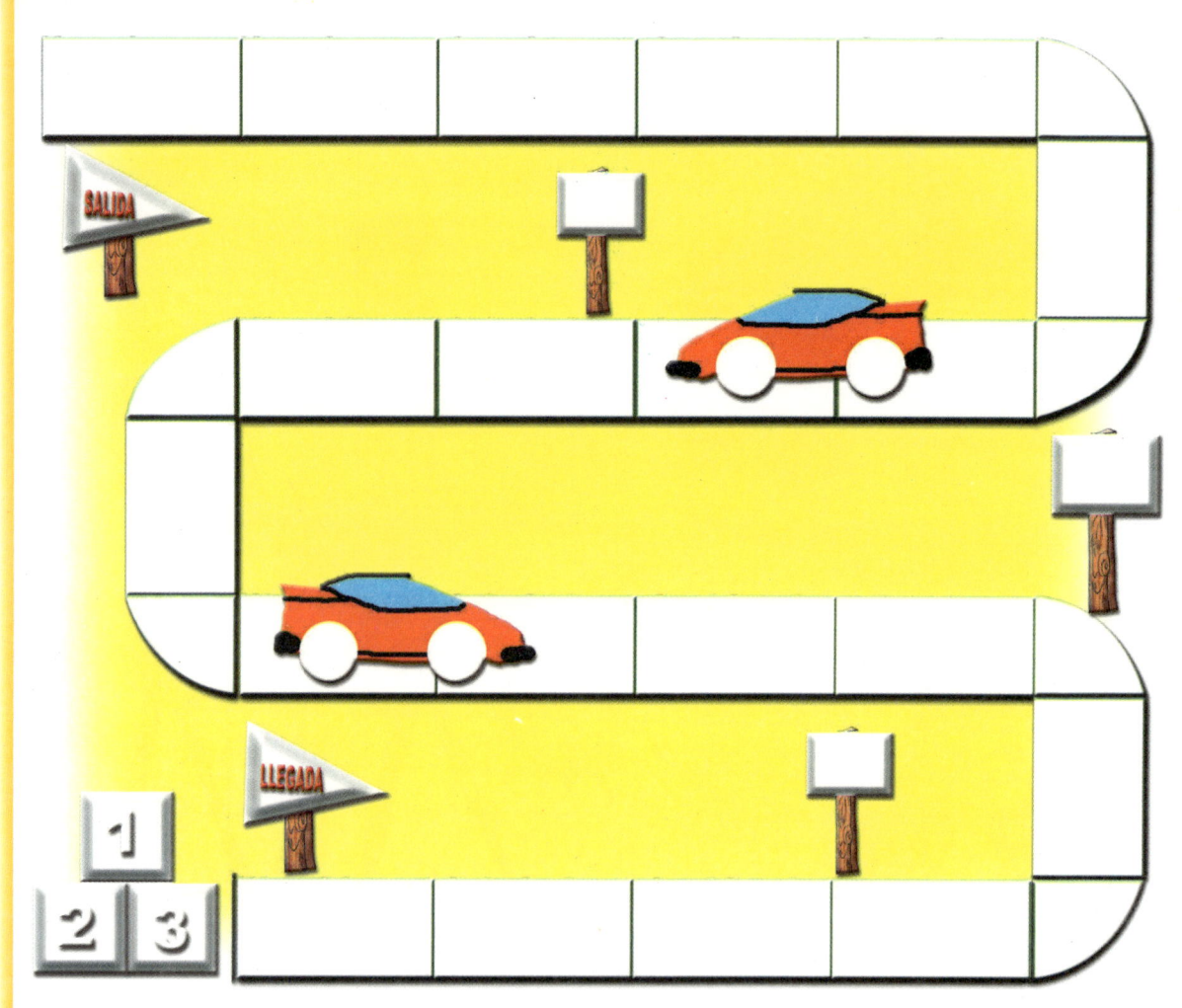

Anota cuántas de estas formas geométricas encontraste. Luego, realiza en una hoja un dibujo utilizando estas formas.

LAS ESTACIONES DEL AÑO

NATURALES

¿Cuál es tu estación preferida?

A lo largo del año el clima va cambiando. El año está dividido en estaciones, y cada una se caracteriza por alguna variación en el clima. Seguro que ya las has oído nombrar: otoño, invierno, primavera y verano. Según cómo está el clima necesitamos abrigarnos o estar frescos, y realizamos distintas actividades.

Dibuja en el recuadro de cada estación cómo nos vestimos.

OTOÑO

INVIERNO

PRIMAVERA

VERANO

NATURALES

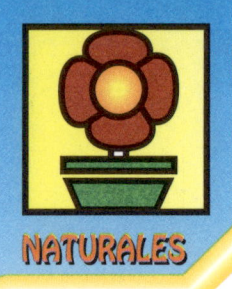

¿CUÁL ES?

¡A observar con mucha atención!

De estos animales sólo uno es un ave. Señálala con color.

Explica cómo te diste cuenta.

MIRANDO LA LUNA

NATURALES

¿Conoces las fases de la Luna?

Dos que siempre van juntos... La Luna es el satélite natural de la Tierra. Ello quiere decir que gira a su alrededor. Sólo podemos ver una parte de la Luna.

Lee sus nombres y dibuja en cada recuadro según corresponda.

LLENA	**MENGUANTE**
NUEVA	**CRECIENTE**

En muchos calendarios puedes observar cuándo sucederá cada fase.

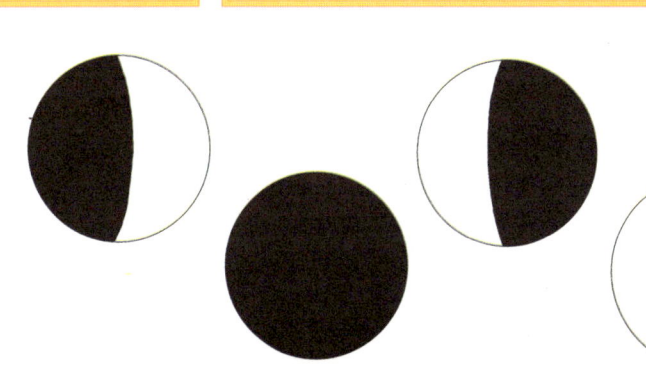

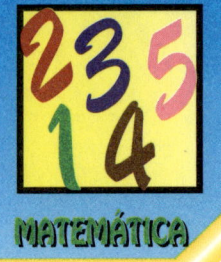

TRAYECTOS ESPACIALES

MATEMÁTICA

¡Un viaje a las estrellas!

Ambas naves regresan de la Luna a la Tierra. Pero en el camino deben cumplir ciertas misiones:

El cohete A-24 debe esquivar los asteroides y tomar una fotografía de las estrellas.

El cohete B-33 debe reparar la nave y recoger los esquivando los asteroides.

Realiza cada trayecto con distinto color.

FOTOGRAFÍA DE LA TIERRA

NATURALES

Conociendo el planeta Tierra...

Rodrigo tiene una imagen de la Tierra tomada desde el espacio. Los niños la observan: hay partes marrones que representan los continentes y otras azules que representan las aguas.

Observa un globo terráqueo y pinta los mares y los continentes según corresponde.

En su mayor parte, nuestro planeta está formado por agua. ¿Dónde encontramos agua en la naturaleza?

MATEMÁTICA

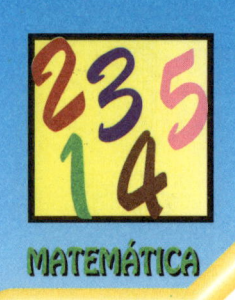

CONOCEMOS A PICO Y PACO

¡A leer se ha dicho!

> Para que te lean...

Pico y Paco son dos patitos hermanos. Pico, el menor, es un patito que siempre está con el pico cerrado. Paco, el mayor, por el contrario, es muy comilón y siempre está con el pico abierto para tragar algo.

Nosotros vamos a trabajar mucho con la ayuda de sus boquitas.

ESTE ES PICO   **ESTE ES PACO**

< MENOR (PICO)   **> MAYOR (PACO)**

¡A UNIR PALABRAS Y DIBUJOS!

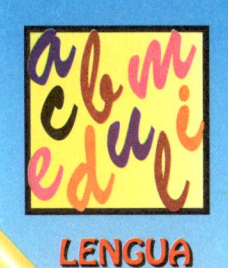

LENGUA

Mono empieza con...

Une con una flecha las palabras y los dibujos cuyos nombres comienzan con la misma letra.

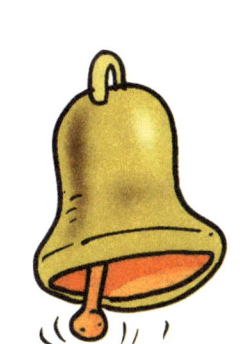

GATO

ABUELA

MAMÁ

MAESTRA

CASA

ALA

ASTEROIDE

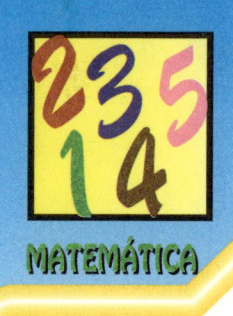

¡A DIBUJAR ARRIBA Y ABAJO!

MATEMÁTICA

¡Anímate a crear lo que te gusta con mucha imaginación!

Dibuja el sol arriba y autos abajo.

MIS MANITOS

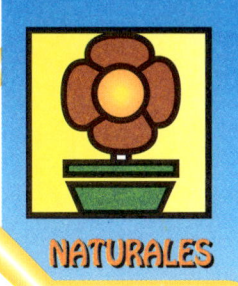

NATURALES

¿Cómo son tus manos?

Apoya la mano que usas para dibujar y escribir en la silueta que corresponda, y márcala con una X.

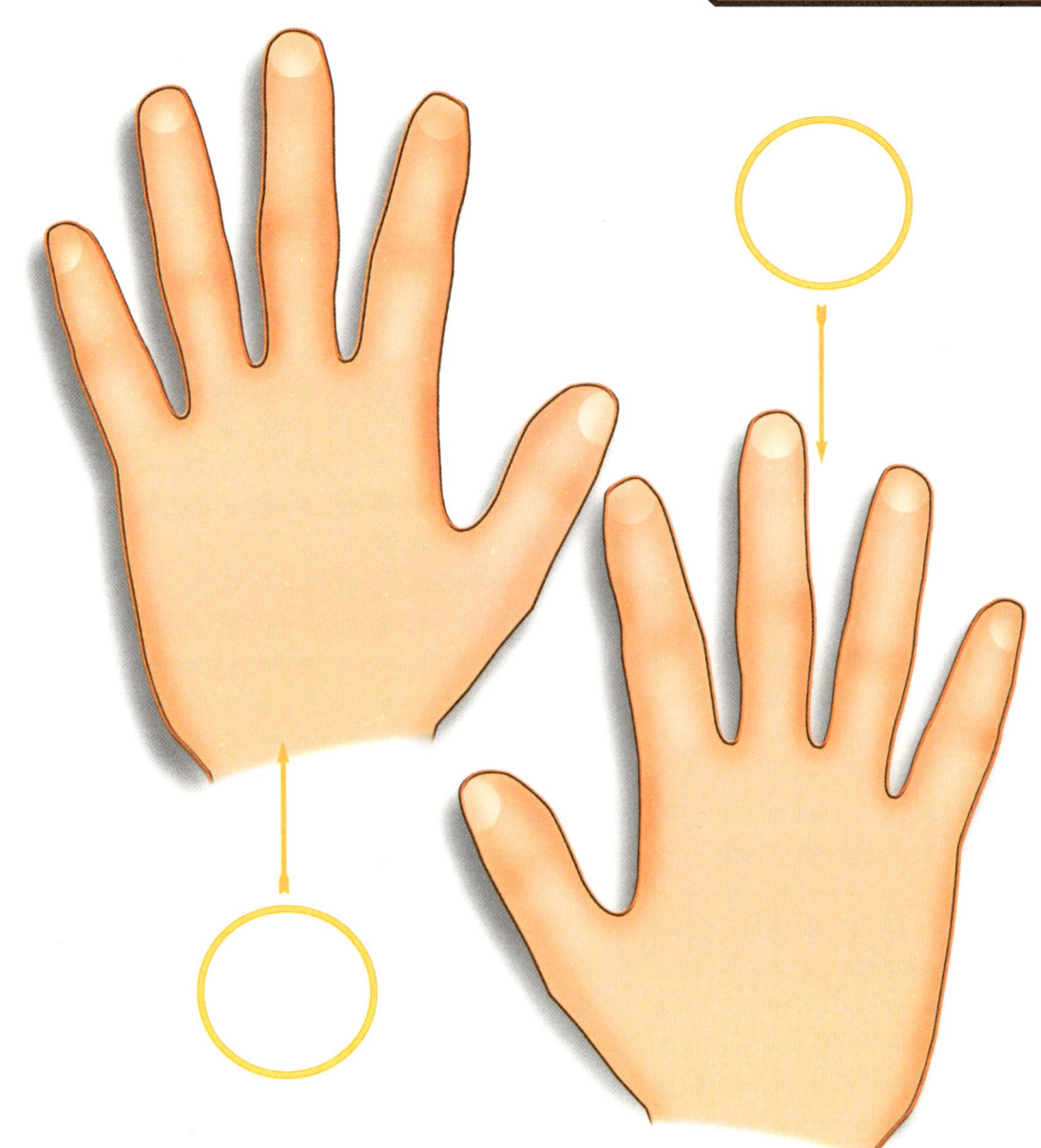

Yo dibujo y escribo con la mano...

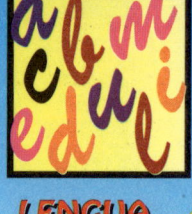

ADIVINANZAS

LENGUA

¡Anímate a resolver adivinanzas!

Los niños están jugando a las adivinanzas.

Escucha las pistas y señala cuál es la respuesta correcta. Dibuja qué es junto a cada adivinanza.

**VERDE COMO EL PASTO,
PASTO NO ES;
HABLA COMO EL HOMBRE,
HOMBRE NO ES.**

LORO – MESA – CABALLO

**TENGO COLA Y NO SOY ANIMAL,
Y AUNQUE SUBO MUY, MUY ALTO,
ALAS NO TENGO PERO
EL VIENTO ME HA DE LLEVAR.**

BARCO – COMETA – PÁJARO

**UNA CASITA
CON DOS VENTANITAS,
QUE SI LA MIRAS
TE PONES BIZCO.**

OJOS – PERRO – NARIZ

¿QUÉ ESTARÁN DICIENDO?

LENGUA

¡Desafíate e inventa una gran historia!

Observa estas escenas. Imagina qué le dice un personaje al otro, y escríbelo en su globo de habla.

159

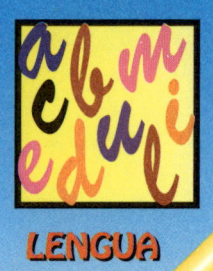

PALABRAS Y MÁS PALABRAS

LENGUA

¡A buscar palabras divertidas!

Recorta de periódicos y revistas palabras que te gusten. Luego pégalas.

Encierra las que empiezan como tu nombre y escríbelas...

Dibuja en una hoja lo que tengas ganas sobre las palabras que elegiste.

160

BUSCA Y REBUSCA... ENCUENTRA LOS ANIMALES

LENGUA

¡A crear lo que te gusta con mucha imaginación y fantasía!

Busca y dibuja los animales que están escondidos en este cuadro.

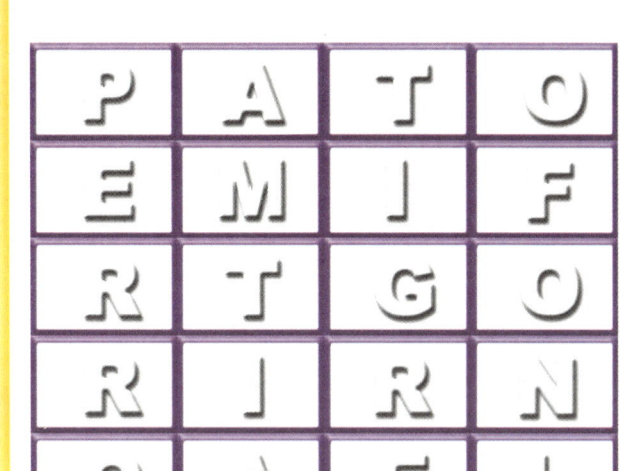

P	A	T	O
E	M	I	F
R	T	G	O
R	I	R	N
O	A	E	L

Piensa y escribe un cuento con los animales que has encontrado.

HABÍA UNA VEZ UN .... , UN ....

Y UN .... QUE SE ....

....

Dibuja tu cuento en un cuaderno.

161

LENGUA

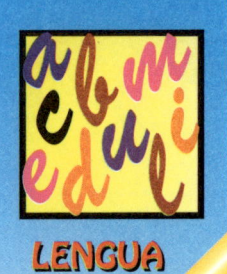

¡QUÉ RICO!

¿A quién no le gustan las golosinas?

Para que te lean.

Sofía tiene tías que la miman mucho.

Su tía Marcela le trae siempre ricos caramelos, y

Florencia la convida con sabrosos alfajores.

Piensa en tu golosina favorita. Dibújala y escribe su nombre.

Comparte con tus amigos una golosina y pega el papel en que está envuelta. Escribe el nombre y la marca.

162

¡CUÁNTOS JUGUETES!

LENGUA

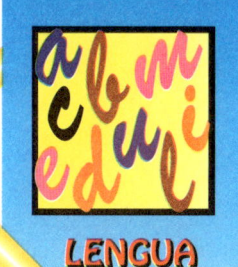

Imagina que tus juguetes hablan…

La tía Yamila y el tío Mauro tienen una juguetería. Sofía los va a visitar muy seguido, y se hizo amiga de todos los juguetes.

Completa qué le dicen estos juguetes a Sofía.

Dibuja tu juguete preferido, y escribe algo sobre él.

LENGUA

¡QUÉ MIEDO!
¡A JUGAR Y A PENSAR!

¡Anímate a inventar una historia tenebrosa!

Piensa y luego escribe 3 nombres que empiecen con...

M   **A**   **R**

Elige 2 entre todos los que has escrito. Inventa una historia de terror y dibújala.

PIENSA Y DIVIÉRTETE

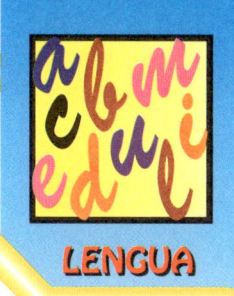

LENGUA

¡Desafíate e inventa una gran historia!

Completa... ¿Qué dicen?

Completa... Y esta historia, ¿cómo termina?

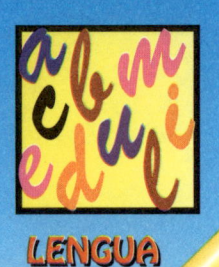

ADIVINA, ADIVINADOR...

LENGUA

¡Anímate a resolver adivinanzas!

Lee y relaciona según corresponda.

No voy por el mar,
y posa que posa
estoy en las rosas.

Quién se arrima,
quién se arrima,
trayendo la casa encima.

Tras, tras, tras,
la cabeza para atrás.

Inventa o busca adivinanzas. Luego comparte con tus amigos todas las adivinanzas.

CARTA PARA SOFÍA

LENGUA

¡Cuántas sorpresas trae el cartero!

¡Qué feliz está Sofía! Recibió una carta de Katia, su prima que vive en Villa Hermosa.

Ayúdala a leerla.

Sofía: estoy desde la 🪟 mirando cómo 💧 y comiendo una rica 🍭 .

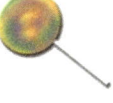

Para tu cumpleaños voy a ir a tu 🏠 a jugar con las 👧👧 , subirnos al 🪃 y al 🛝 .

Saludos a tu 👩 y a tu 👨 . Un beso de tu prima,

KATIA (espero tu carta)

Cartas para todos...
Elige y escribe en un cuaderno una carta...

- a mamá
- a papá
- al abuelo
- a mi amigo
- a mi maestra
- a mi perro
- a mi tía

167

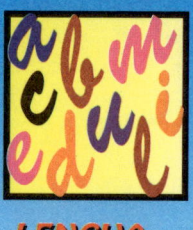

SOFÍA ESCUCHA...

LENGUA

¡A leer se ha dicho!

El abuelo Quique le lee a Sofía este cuento. Se llama LA BOLITA* AZUL, de Fausto Zuliani.

Diego perdió su bolita azul.
Busca por aquí y rebusca por allá sin encontrarla.
Ve picotear un pajarito:
—Pajarito, ¿no te comiste mi bolita azul?
Y el pajarito, muy ofendido:
—Yo no como bolitas, sólo como semillas.
Ve subir gente a un avión:
—Avión, ¿no te llevaste mi bolita azul?
Y el avión, haciendo bramar su motor, dijo:
—Solamente llevo pasajeros, no llevo bolitas.
Diego, entonces, fue al kiosco de la esquina.
—Señor, ¿usted no vendió mi bolita azul?
Y el vendedor, sonriente, le dijo:
—Yo no vendo bolitas, vendo caramelos y chocolatines.
Diego se sentó en la plaza y se puso a llorar.
El guardián, al verlo, se acercó.
—¿Qué te pasa? ¿Por qué estás llorando?
—He perdido mi bolita azul, ¿vos, la viste?
—Sí, la vi pasar corriendo hacia la fuente.
Hacia la fuente también corrió Diego.
Allí estaba, bañándose, la bolita azul.
Enojado, Diego le gritó:
—¿Qué estás haciendo allí? ¿Por qué te perdiste?
—Me vine a bañar, porque me ensuciaste.
—¡Mentira! Yo no te ensucié.
—¡Sí, cuando jugabas en el suelo!
—¿No vas a salir?
—¡No quiero! Está muy linda el agua.
—¡Vamos a casa!
—¡No voy nada!
Y la bolita azul se zambulló en el lugar más hondo de la fuente.
Diego no lo pensó dos veces.
Se arremangó los pantalones y se metió en el agua.
Y entonces, mil burbujitas de agua escondieron la bolita azul.
En ese momento, Diego se despertó llorando.
Buscó su bolita azul debajo de la almohada, le dio un beso y le dijo:
—¡Soñé que te perdiste! ¡Vamos a lavarnos la cara para ir a jugar! ¡Qué susto!

*canica

Dibuja la parte que más te gustó en un cuaderno.

168

¡HOY FESTEJAMOS UN CUMPLEAÑOS!

INTEGRADA

¡Qué divertidas son las fiestas de cumpleaños!

Sofía cumple 6 añitos. Está muy contenta y prepara la fiestita. La ayudamos a contar a sus invitados: sus primos, Juani, Agostina, Lautaro, Ayelén, Gastón y Santiago, sus compañeros de la escuela, que son 16, y sus amigos del vecindario, Rodrigo, Manuela, Germán, Rocío y Luz.

¿CUÁNTOS SON? ....

SOFÍA PREPARA .... INVITACIONES.

Claudia, su mamá, la ayuda a hacerlas.

> Te invito a mi cumpleaños
> el 26/06 a las 17 horas.
>
> ¡No faltes!
> Sofía

Prepara tú también tus invitaciones de cumpleaños.

**Hazles dibujos, pégales figuritas, flores, o lo que quieras...
¡Manos a la obra!**

SOCIALES

¿QUÉ HACES CON TUS ABUELOS?

Y tus abuelos... ¿cómo se llaman?

Los abuelos de Sofía están muy contentos con ella.

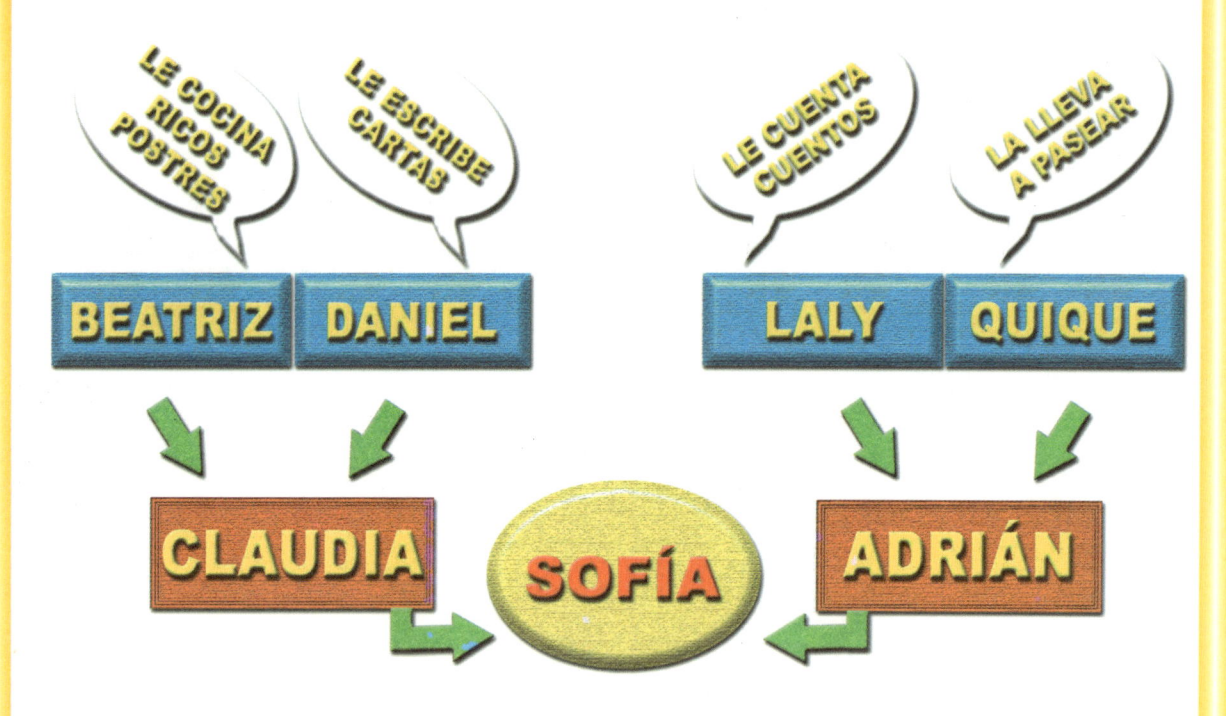

- LE COCINA RICOS POSTRES
- LE ESCRIBE CARTAS
- LE CUENTA CUENTOS
- LA LLEVA A PASEAR

BEATRIZ **DANIEL** → **CLAUDIA** → **SOFÍA** ← **ADRIÁN** ← **LALY** **QUIQUE**

Piensa, escribe y cuenta.
¿Qué haces con tus abuelos?

PASEO POR EL VECINDARIO

SOCIALES

¡Anímate a conocer un poco más sobre tu vecindario!

Rodrigo y Luz son amigos de Sofía. Viven cerca de su casa, y juntos juegan en el vecindario.

Completa y escribe.

Mi vecindario se llama

....

Yo vivo en la calle .... **Nº**............

**Sofía te acompaña por tu vecindario.
Completa... Desde tu casa...**

La calle de la esquina derecha es:

....

La calle de la esquina izquierda es:

....

Si hay negocios en tu cuadra, escribe sus nombres.

....

....

....

SOCIALES

¡A CAMINAR...!

¡Anímate a conocer un poco más sobre tu vecindario!

Recorre el vecindario con un adulto y tus amigos. Conversa con ellos sobre lo que vieron durante el paseo. Dibuja lo que más te gustó.

Completa qué vende cada uno de estos comercios.

PANADERÍA	FRUTERÍA	FARMACIA
....	....	....
....	....	....
....	....	....
....	....	....
....	....	....

¿Cómo se llama el negocio que vende juguetes?

....

TU CASA

SOCIALES

¡Hogar dulce hogar!

Piensa, escribe y dibuja cómo es tu casa.

Lee esta poesía con un adulto.

La llave de mi casa

La llave
todo lo sabe.
Se pasa cada día,
¡qué caradura!,
mirando, mirando
por la cerradura.
¡La llave de mi
casa espía!
¡Quién lo diría!

Elsa I. Bornemann

SOCIALES

TU LUGAR PREFERIDO

¡A jugar a que eres un albañil!

Piensa, escribe y dibuja qué lugar de tu casa te gusta más.

Averigua... y completa.
¿Qué materiales se usan para hacer una casa?

¡Una ayudita!

1 C _ _
2 _ A _ _ _ _ _
3 _ I _ _ _ _
4 _ _ _ _ _ T _
5 A _ _ _ _ _

1- Es blanca; se utiliza junto con la arena y el cemento.
2- Se saca de los árboles y empieza con M.
3- Es frágil, se rompe y está en las ventanas.
4- Forma parte de la mezcla que usa el albañil.
5- Está en las playas y es de color amarillo.

174

EL CUERPO.
YO TENGO, TÚ TIENES...

NATURALES

Espejito, espejito... ¿cómo es mi reflejo?

Dibuja tu cuerpo.

Completa y continúa la lista en una hoja.

Mi amigo es _____

Mi tío es _____

Mi abuelo es _____

Mi mamá es _____

NATURALES

¡A COMER...!

¡Anímate a cocinar tus comidas preferidas!

A Claudia, la mamá de Sofía, le gusta mucho cocinar. Hace ricos pasteles y prepara, para Sofi y su papá, unas milanesas con papas fritas... ¡Riquísimas!

¡TODOS COMEMOS!

NUESTRO CUERPO NECESITA ALIMENTARSE PARA QUE PODAMOS MOVERNOS, HABLAR, PENSAR, DORMIR, JUGAR.

Piensa, dibuja y escribe tus comidas preferidas.

Escribe en una hoja lo que no te gusta comer.

DISTINTOS SABORES

NATURALES

Y ahora... ¡a comer de todo un poco!

Piensa y escribe alimentos.

DULCES	SALADOS	AMARGOS

Busca y rebusca...
Corta y pega imágenes de alimentos. Puedes encontrarlas en periódicos y revistas.

177

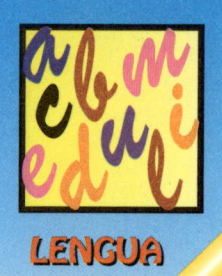

SOFÍA LEE

LENGUA

¡A leer se ha dicho!

Completa.

El  ☀ se llama Lorenzo

y la 🌙 Catalina.

Cuando se acuesta ....

se levanta ....

¿Qué haces de noche?

_____

_____

_____

¿Qué haces de día?

_____

_____

_____

CANTAMOS CANCIONES PARA EL SOL Y LA LUNA

LENGUA

¡Anímate a crear lo que te gusta con imaginación y fantasía!

Lee y dibuja.

El sol cuando sale
se llama José,
pajarito chino
canta en japonés.

Ya la luna
baja en camisón
a bañarse en un
charquito con jabón.

María Elena Walsh

NATURALES

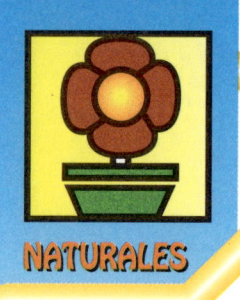

LAS CUATRO ESTACIONES

¿Cuál es tu estación preferida?

Relaciona y escribe debajo del dibujo el nombre de la estación del año.

En invierno
hace frío y
yo me pesco
un resfrío.

En otoño
¡cómo llueve!
Yo me mojo
y me enojo.

En primavera
están las flores
y los pájaros
cantores.

En verano visito
a mis amigos
paseo mucho
y nado en el río.

Conversa con tus amigos sobre las estaciones del año.

EN VERANO...

NATURALES

¡Qué divertidas son las vacaciones de verano!

Lee y conversa con tus amigos.

Sofía y sus amigos esperan contentos la llegada de las vacaciones. Ya casi es verano, juegan más tiempo juntos, toman refrescos y hacen planes. Rocío se va con sus papis y hermanos a las sierras. Rodrigo cree que va a ir a la playa, y Sofía con su familia pasará el verano en una casa en el campo.

Une con flechas y relaciona.

FLORECEN LAS PLANTITAS	**INVIERNO**
SE CAEN LAS HOJAS	**VERANO**
ME BAÑO EN EL MAR	**OTOÑO**
ME ABRIGO MUCHO	**PRIMAVERA**

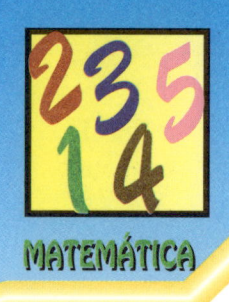

¡TODOS A NADAR!

MATEMÁTICA

¡Al agua pato!

Completa.

¿Cuántos niños hay adentro de la piscina? ☐

¿Cuántos niños hay afuera de la piscina? ☐

¿Cuántos están a la derecha de la piscina? ☐

Los que beben están ☐ a la piscina.

La silla plegable está ☐ de la piscina.

ESPERANDO EL BUS

MATEMÁTICA

¡A observar con mucha atención!

Encierra el que está adelante de la fila y el que está detrás del árbol.

Dibuja en una hoja.

Un niño a la derecha, un árbol a la izquierda, una señora a la derecha del niño, un sol arriba en el medio, y una pelota entre el árbol y el niño.

183

¡ENCUENTRA EL NÚMERO!

MATEMÁTICA

¡Conviértete en detective y descubre los números que faltan!

Completa.

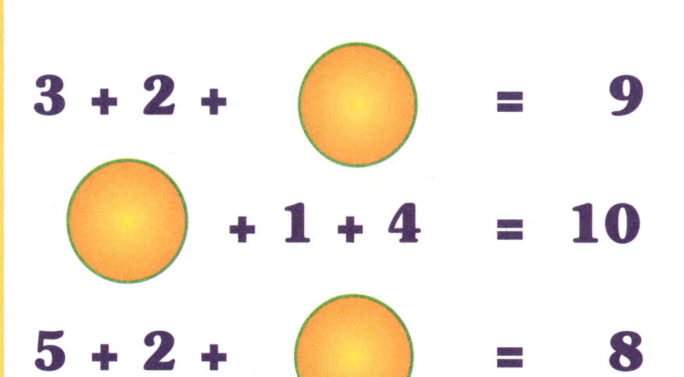

3 + 2 + ⬤ = 9

⬤ + 1 + 4 = 10

5 + 2 + ⬤ = 8

6 − ⬤ = 2

⬤ − 4 = 3

9 − ⬤ = 1

5 + 1 + ⬤ = 7

⬤ + 1 + 1 = 5

2 + 2 + ⬤ = 6

¿CUÁLES SON?

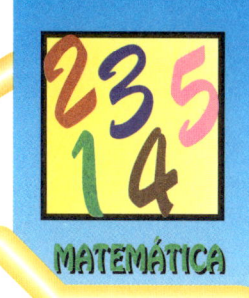

MATEMÁTICA

¡Cuánto desorden!

Ayuda a Rodrigo a ordenar sus vehículos de < a >.

6   4   8   2

Ahora... Ayuda a Sofía a ordenar sus lápices de < a >.

3   4   1   6   9   2   8   5   7

185

¡CUÁNTOS NÚMEROS!

MATEMÁTICA

¡A buscar números por todas partes!

Busca... corta y pega números (de precios, de propagandas o de lo que quieras).

JUGANDO EN EL JARDÍN

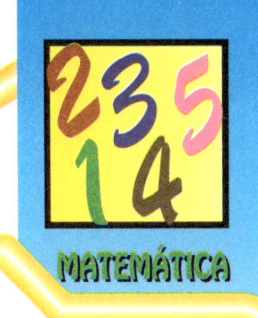

MATEMÁTICA

¡A observar con mucha atención!

¿Cuántos hay?
Cuenta los elementos.

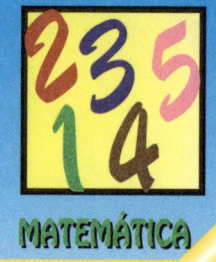

¡FLORES PARA REGALAR!

MATEMÁTICA

¡Anímate a resolver estos problemas!

¿Cuántas flores recibió la tía de Sofía?

María le regaló 5 flores

Belén le regaló 4 flores

Juan le regaló 6 flores

Matías le regaló 1 flor

Mónica le regaló 3 flores

¿CUÁNTOS SON?

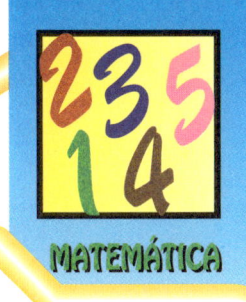

MATEMÁTICA

¡Anímate a resolver estos problemas!

Piensa y completa.

Sofía trajo 6 🍬 y le dio 1 a Rodrigo.

¿Cuántos 🍬 comió Sofía?

      TENÍA _____

      CONVIDÓ _____

      LE QUEDARON _____

Piensa y dibuja.

La mamá de Sofía compró 1 cuaderno, 3 lápices y 2 reglas.

¿Cuántos útiles son en total? _____

HACIENDO CÁLCULOS

MATEMÁTICA

¡Anímate a resolver estos problemas!

Sofía y Tomás fueron a comprar una porción de pastel.

Según la clave, ¿cuánto gastó cada uno?

CLAVE

$ 1 ▲

$ 2 ■

$ 3 ●

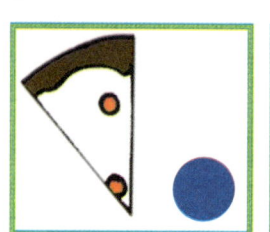

SOFÍA GASTÓ

TOMÁS GASTÓ

YO QUIERO UNA GRANDE

Yo quiero una mediana

Averigua en las confiterías de tu vecindario los precios de los pasteles, y anótalos.

¡A PENSAR!

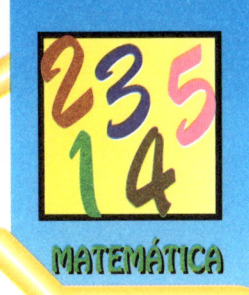

¡Desafíate y descubre los números que faltan!

Piensa y escribe.

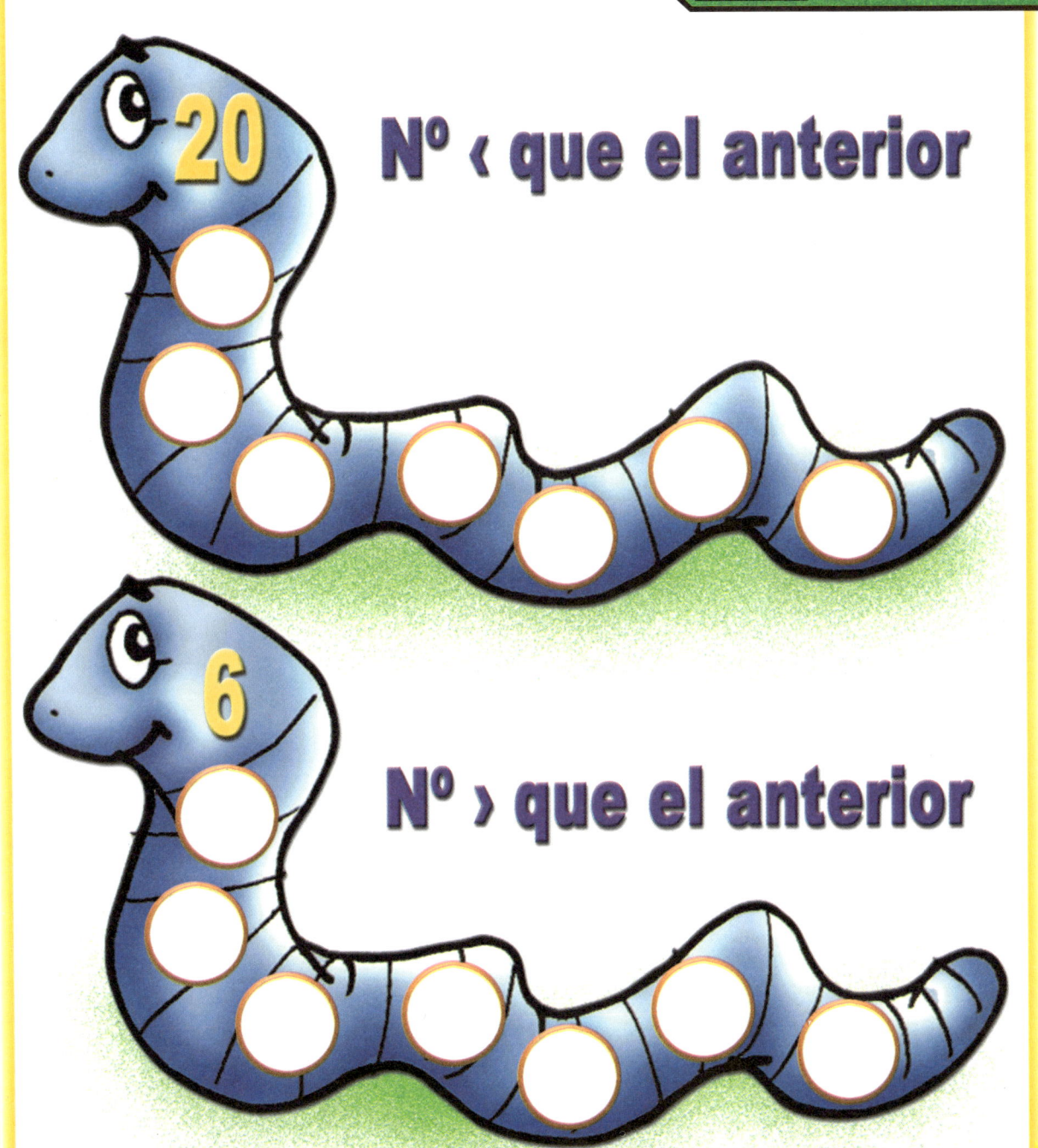

20

Nº < que el anterior

6

Nº > que el anterior

MATEMÁTICA

DE COMPRAS...

¡Anímate a resolver este problema!

Sofía fue a la librería y compró los siguientes útiles.

$2

$2

$1

$1

$3

$1

¿Cuánto gastó Sofía?

Si pagó con $10...
¿Cuánto le dieron de vuelto?

PARA SUMAR

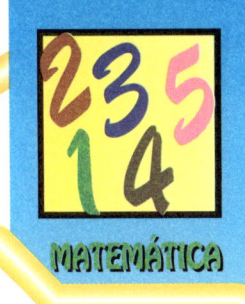

MATEMÁTICA

¡Anímate a resolver estos problemas!

Pinta las flores que suman más de 9.

6+4   2+5   3+8   7+7   5+3   2+2

Pinta las mariposas que suman menos de 20.

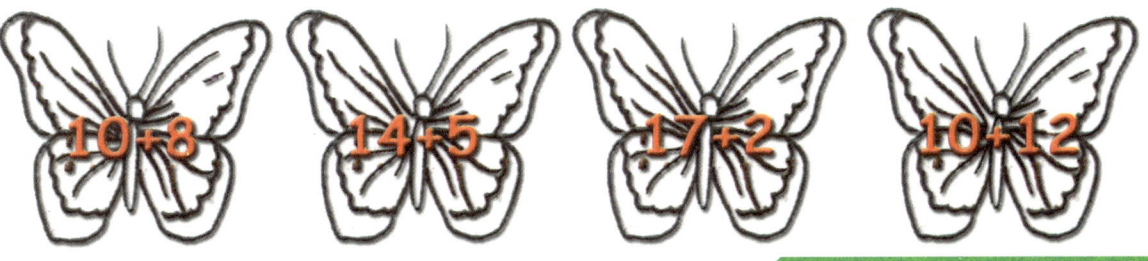

10+8   14+5   17+2   10+12

Relaciona los que sumados dan 15.

3, 6, 10, 5, 14, 12, 8, 9, 7, 1

10 + 5 = 15

=

=

=

=

MATEMÁTICA

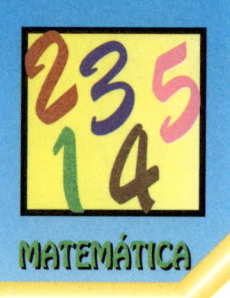

¡SEGUIMOS COMPRANDO!

¡Anímate a resolver este problema!

Averigua en el kiosco cuánto cuesta lo que te gustaría comprar. Dibújalo y colócale el precio.

1 [ ] vale $ [ ]

1 [ ] vale $ [ ]

1 [ ] vale $ [ ]

1 [ ] vale $ [ ]

¿Cuánto dinero necesitarías para comprar todo? [ ]

¡QUÉ LINDA... MARIPOSA NUMERADA!

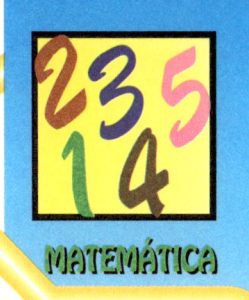

MATEMÁTICA

¡Una mariposa multicolor!

Pinta según la clave.

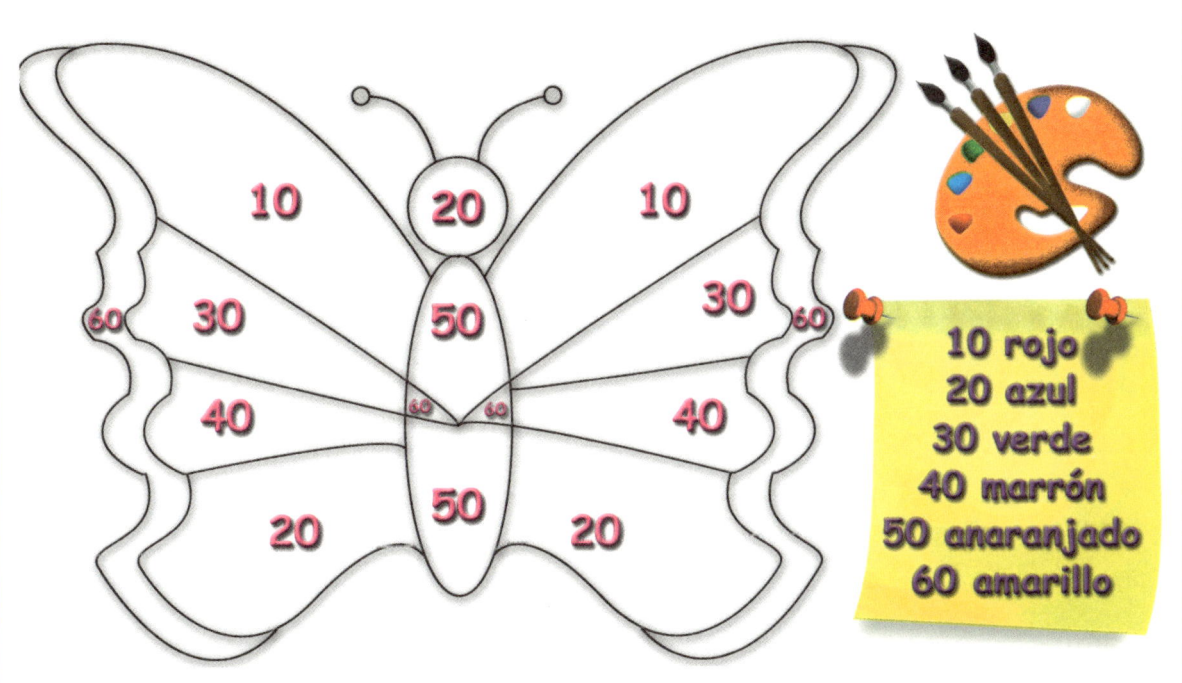

10 — 20 — 10
60 — 30 — 50 — 30 — 60
40 — 60 60 — 40
20 — 50 — 20

10 rojo
20 azul
30 verde
40 marrón
50 anaranjado
60 amarillo

Rodea de 2 en 2 los números para formar una decena.

6 9 5
4 1
7 3 5

2 1 7
8 3

¡A NAVEGAR Y A VOLAR!

MATEMÁTICA

¡A buscar los números viajeros!

Resuelve y completa.

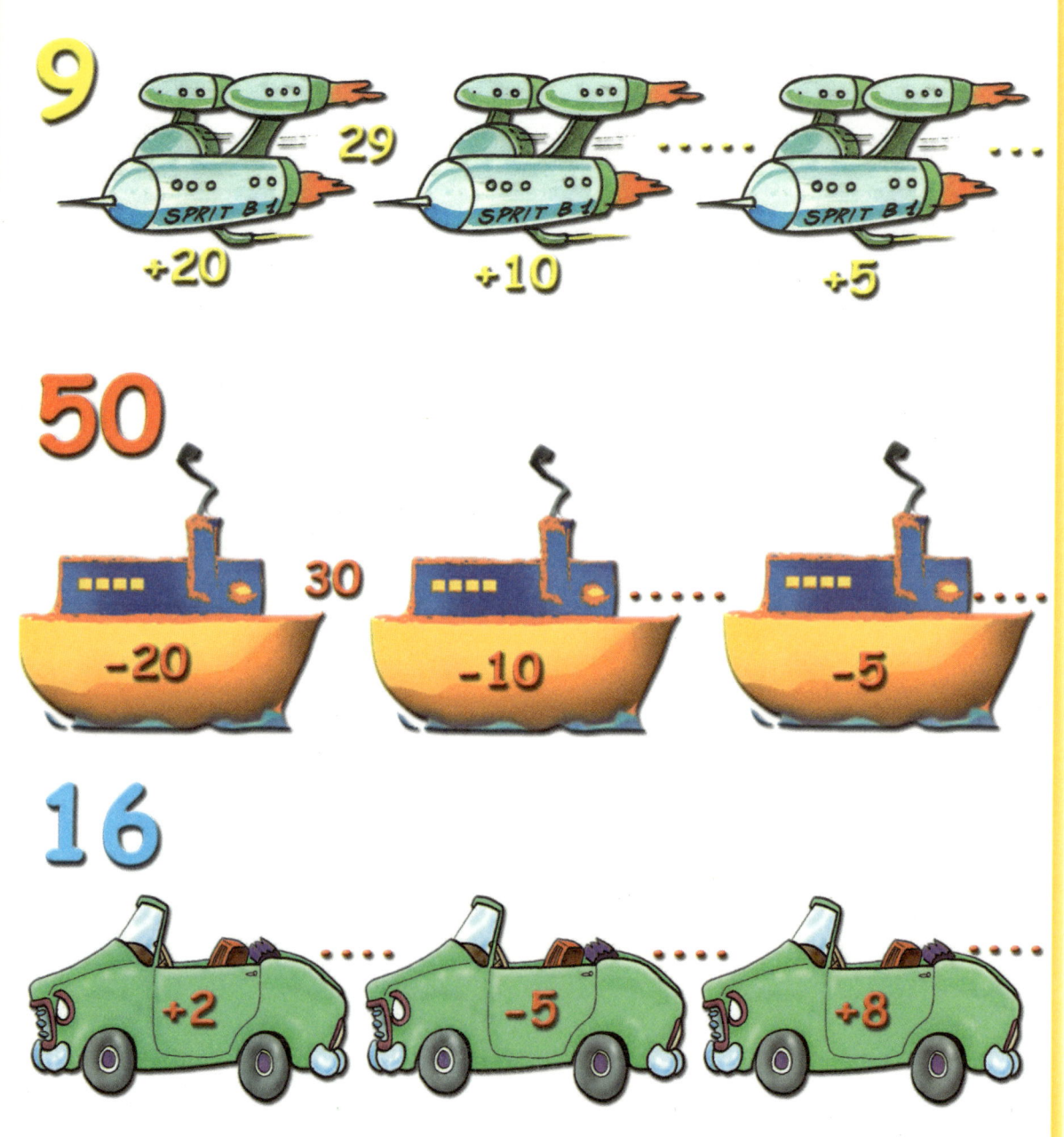

9 → +20 → 29 → +10 → ...... → +5 → ......

50 → -20 → 30 → -10 → ...... → -5 → ......

16 → +2 → ...... → -5 → ...... → +8 → ......

¡A CORRER SUMANDO!

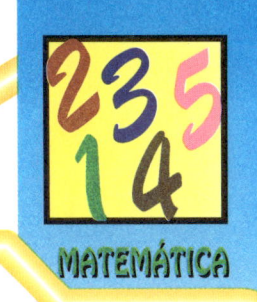

MATEMÁTICA

¡Desafíate para ganar la carrera de sumas!

Completa para ganar.

salida
1
+8
9 +3
+5
+9
+4   +5
+2
+1   +2
40

¡MUCHA ATENCIÓN!
Completa las series.

10 — — — — — — 70

90 — — — — — — — 10

10 | 15 | | | | | | | 50

50 | 48 | | | | | | 36 |

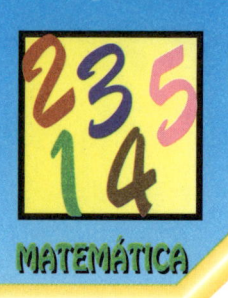

CADA NIÑO CON SU GLOBO

MATEMÁTICA

¡Estos globos locos se volaron!

Relaciona.

12   26   16   15

16+6+4   5+5+5   7+2+3   8+4+4

¡Más difícil!

15   20   7   9

30−10   20−5   17−8   10−3

¡QUÉ PROBLEMA!

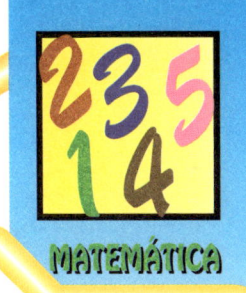

MATEMÁTICA

Y ahora... ¡a inventar tus propios problemas con números!

Escribe problemitas para estas cuentas.

$3 + 5 + 5 =$

```
   25
-
   14
  ___
   39
```

```
    10
+    4
    12
   ___
    26
```

PARA NO OLVIDARSE

MATEMÁTICA

¡A agendar las fechas de todos los cumpleaños!

Sofía anotó la fecha de su cumple, y la edad de ella y de su familia.

Sofía:	26 de junio	cumple: 6 años
Mamá:	13 de septiembre	cumple: 28 años
Papá:	6 de junio	cumple: 29 años
Tía:	20 de noviembre	cumple: 32 años
Primo:	16 de agosto	cumple: 10 años
Abuelo:	9 de julio	cumple: 52 años

Ayúdala a ordenarlos de < a >.

Busca y averigua.

Yo : .... de .... cumplo: .... años

Mamá : .... de .... cumple: .... años

Abuelo : .... de .... cumple: .... años

Mi mejor amigo : .... de .... cumple: .... años

Mi hermanito : .... de .... cumple: .... años

Mi perro : .... de .... cumple: .... años

Ordena las edades de > a < .

A JUGAR CON NÚMEROS Y LETRAS

MATEMÁTICA

Un mensaje en clave...

¡Descubre el mensaje secreto!

| 1 | 6 | 7 | 4 | 8 | 10 | 3 | 5 | 9 | 2 | 8 |

| 11 | 3 | 12 | 3 | 1 | 6 | 9 | 2 | 8 |

CLAVE

1 = M	6 = E	11 = C
2 = O	7 = G	12 = R
3 = A	8 = S	13 = I
4 = U	9 = L	14 = Y
5 = N	10 = T	15 = D

| 14 | 2 | 11 | 4 | 13 | 15 | 2 | 3 | 9 | 2 | 8 |

| 3 | 5 | 13 | 1 | 3 | 9 | 6 | 8 |

Piensa e inventa un mensaje para:

- TUS AMIGOS
- TU MAMÁ
- TU VECINO

(Si es necesario, amplía la clave)

201

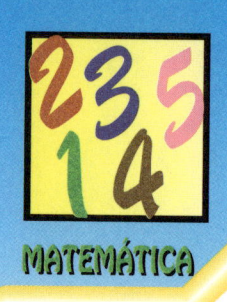

JUGAMOS Y PENSAMOS

¡A ejercitar la mente sumando y restando!

Resuelve estas cuentas y completa los cuadros.

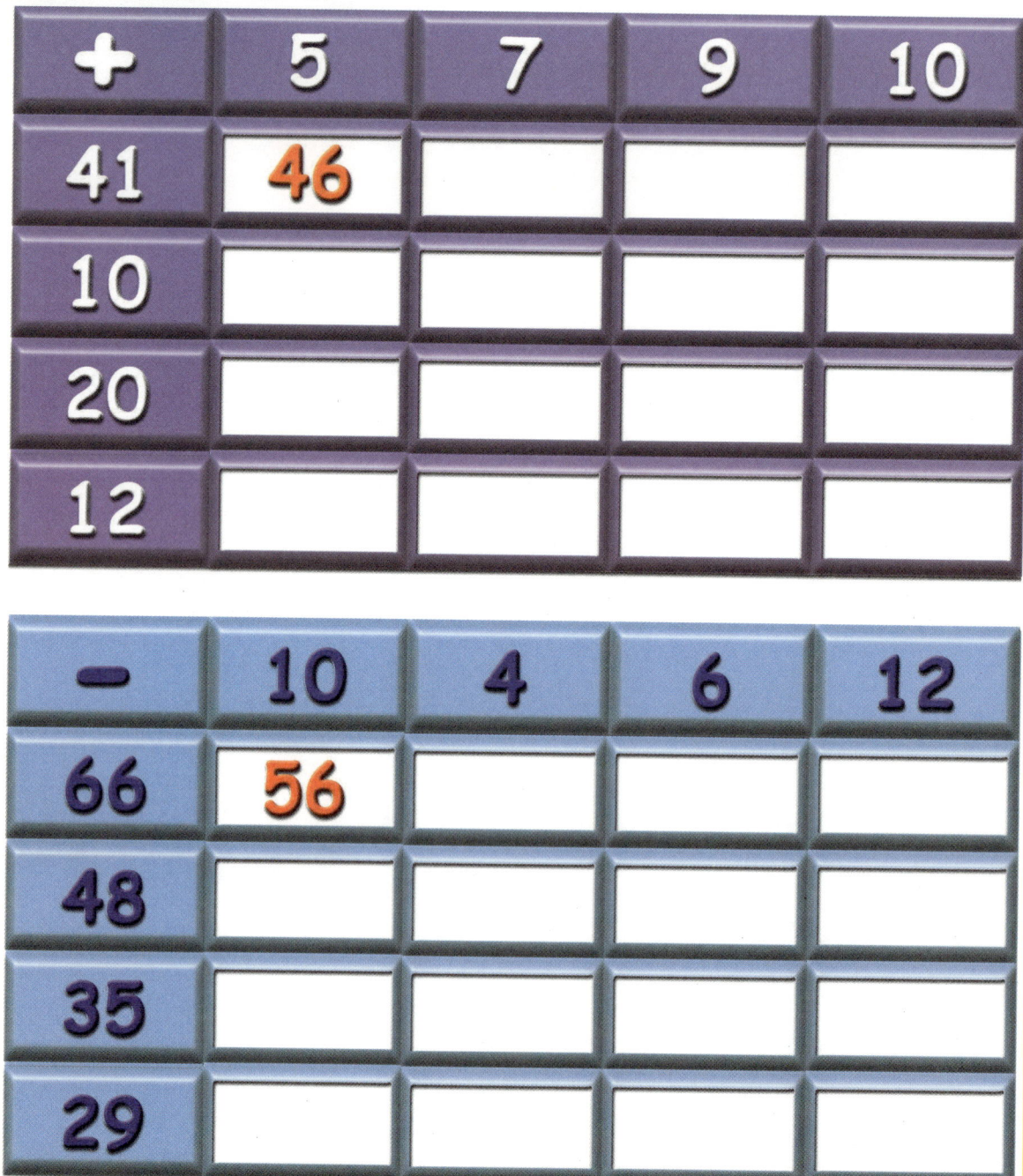

+	5	7	9	10
41	46			
10				
20				
12				

−	10	4	6	12
66	56			
48				
35				
29				

HOY COMEMOS ENSALADA DE FRUTAS

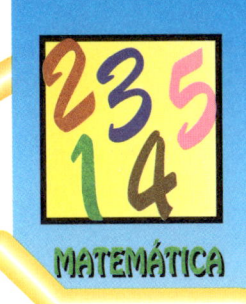

¡Anímate a resolver este problema!

Para pensar.

Sofía quería comer ensalada de frutas, y su mamá la mandó a comprar:
5 manzanas, 6 bananas o plátanos, 3 ciruelas más que lo que compró de manzanas, y 5 naranjas menos que lo que compró de plátanos.

¿Cuántas frutas compró?

Dibuja o realiza la cuenta.

Cuando Sofía venía caminando hacia su casa, sintió hambre y comió 2 frutas.

¿Con cuántas llegó a su casa?

BANDERA DE LA PATRIA

SOCIALES

¡Por amor a la Patria!

Pinta la bandera de tu Patria y escríbele una canción.

HÉROES DE MI PATRIA

SOCIALES

¿Quiénes son los héroes de tu Patria?

Recorta y pega imágenes de héroes de tu Patria. Escribe sus nombres.

205

SOCIALES

OTROS PAISAJES

¡A observar con mucha atención!

Mira con atención y responde.

¿Cuál se parece al lugar en que vives?

....

¿Por qué?

....

¿En qué se diferencian estas imágenes?

....

Trabaja con un amigo y escribe una historia con las siguientes palabras.

CAMPO - CIUDAD - TRABAJO
HABITANTES - PAISAJE

CANCIONES PARA DORMIR

LENGUA

¡A inventar una dulce canción de cuna!

*Señora Santa Ana,
¿por qué llora el niño?
Por una manzana
que se le ha perdido.*

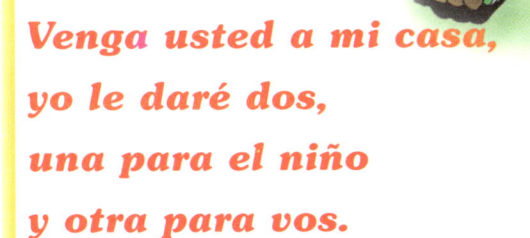

*Venga usted a mi casa,
yo le daré dos,
una para el niño
y otra para vos.*

**Piensa y escribe
una canción para dormir.**

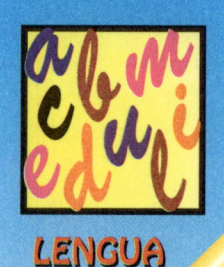

DESTRABALENGUAS

LENGUA

¡Traba que traba la lengua!

Para decir ligerito...

Poquito a poquito
Copete empaqueta
poquitas copitas
en ese paquete.

El fantasma Filomeno
fatal y filamentoso
afila su fina falda
con un alfiler filoso.

Pablito clavó un clavito.
¿Qué clavito clavó Pablito?

Erre con erre guitarra,
erre con erre barril,
rueda que rueda la rueda
ligera del ferrocarril.

CUENTOS, POESÍAS, ADIVINANZAS Y ALGO MÁS

LENGUA

¡A leer se ha dicho!

Poesías para volar...

*Le agrego alas
a la ciruela.
¡Es una mancha
roja que vuela!*

*Le pongo alas
al tenedor.
¡Es avioncito
cuatrimotor!*

*Le pongo alas
a la tristeza.
Me deja sola
la muy traviesa.*

*Y estas dos alas
son para mí...
me voy volando,
y ya me fui.*

Elsa I. Bornemann

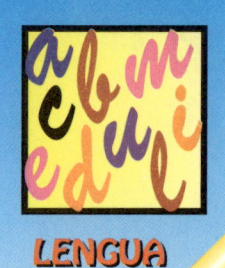

DE COMPRAS

LENGUA

¡A observar con atención!

En la librería de Don Claudio pasa algo raro...

Escribe en las etiquetas los nombres y confecciona dos listas, una con las cosas que se venden en las librerías y otra con las que no se venden allí.

¿QUÉ NÚMERO ESTÁ FORMADO?

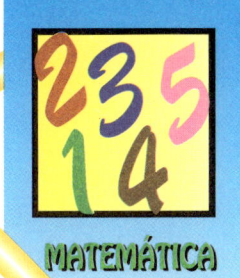

MATEMÁTICA

¡A buscar el número escondido!

Agrupa de a diez y descubrirás el número. Luego ordénalos de mayor a menor.

Forma números de otra manera.

55 ➡ 20+30+5

19 ➡

24 ➡

35 ➡

27 ➡

40 ➡

211

NATURALES

¡NOS CONOCEMOS POR FUERA!

¡A conocer nuestro cuerpo!

Observa tu rostro en un espejo, y luego completa según corresponda.

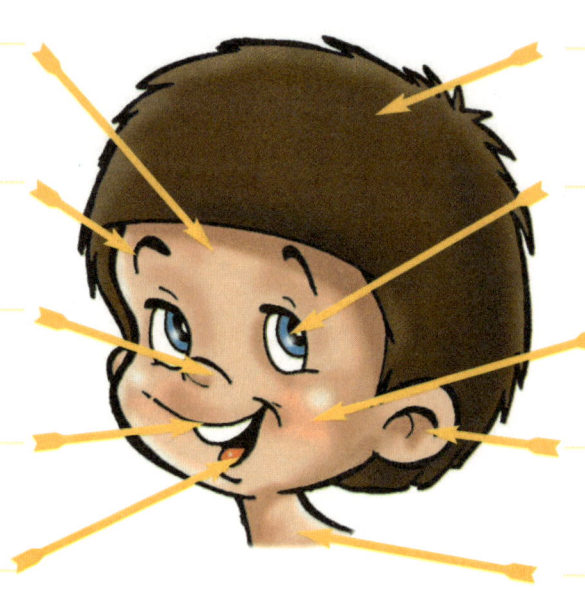

¿Qué podemos hacer con nuestro cuerpo?

BRAZOS:

PIERNAS:

MANOS:

OJOS:

NARIZ:

NUESTRO CUERPO

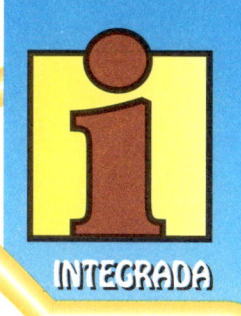

INTEGRADA

¡A conocer nuestro cuerpo!

Descubre en esta sopa de letras partes de tu cuerpo.

S	E	I	P	J	X	C	A	B	E	Z	A	F
R	O	D	B	R	A	Z	O	S	U	W	X	Z
S	G	H	F	O	R	S	A	R	S	O	T	D
M	A	X	N	M	X	U	Y	T	L	J	U	I
O	M	R	F	J	G	S	R	N	M	O	W	E
P	O	M	L	N	L	R	O	T	Y	S	M	N
Q	T	N	E	D	X	Z	D	I	X	V	B	T
F	S	L	U	Y	A	S	Z	X	W	V	R	E
S	E	F	A	R	J	H	N	M	X	F	S	S
O	H	I	O	K	L	M	A	N	O	S	H	J
S	L	C	I	O	A	X	M	R	S	T	U	W
E	M	N	L	M	R	O	D	B	O	C	A	A
A	G	H	A	A	E	I	O	F	L	N	N	R
M	F	H	X	M	P	I	E	R	N	A	S	M

Luego, agrupa las palabras de la sopa en partes del cuerpo que se ven y en partes que no se ven.

SE VEN	NO SE VEN

213

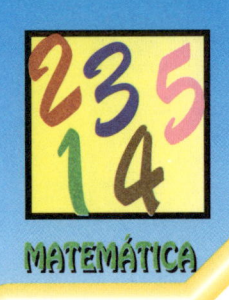

TIMOTEO DE PASEO

MATEMÁTICA

¡Desafíate y completa con astucia este recorrido!

Ayuda a Timoteo, la mascota de Germán, a llegar a su casa.

DE 1 EN 1
101

110
DE 2 EN 2

130

DE 5 EN 5

175
DE 3 EN 3

¿Por dónde avanza más rápido Timoteo? ¿Por dónde avanza más lento?

214

PALABRERÍO

LENGUA

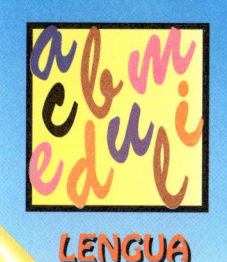

¡A inventar palabras locas y traviesas!

Un palabrerío es un lío de palabras que se ponen a jugar y hacen travesuras. Les damos permiso...

Adivina las siguientes y dibújalas como las imaginas.

MELLA = MESA + SILLA	**= MONO + PATO**
PECA = +	**PLANO = PLATO + CONO**

Inventa algunas y escríbelas.

215

MATEMÁTICA

¿QUIÉN SOY?

¿Quién es el personaje escondido?

Si sigues la serie y unes los puntos, seguro que me descubres. A ver...

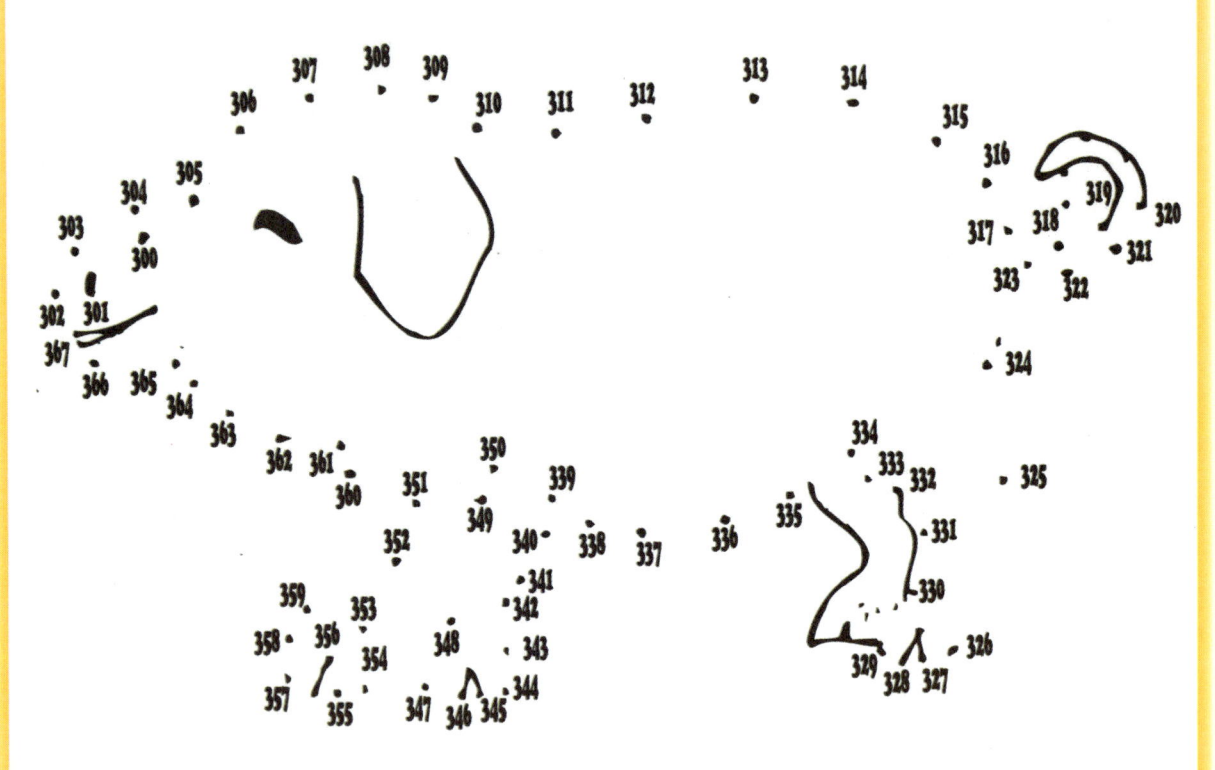

Completa el siguiente cuadro.

Número mayor	En letras

Número menor	En letras

216

COCINEROS ALBOROTADOS

INTEGRADA

¡Cuántas comidas deliciosas para cocinar!

Germán y Luz se metieron en la cocina... Y no se imaginan el alboroto que armaron...

Ayúdalos a completar la receta y dibuja los elementos.

Tarta de jamón y queso

Clasifica los ingredientes que se utilizaron según su origen.

Animal	Vegetal	Mineral

¡EN LA ESCUELA PASAN MUCHAS COSAS!

SOCIALES

¡A observar con mucha atención!

Observa cuidadosamente el dibujo. ¿Qué ves?

UNA BOLSA DE GOLOSINAS

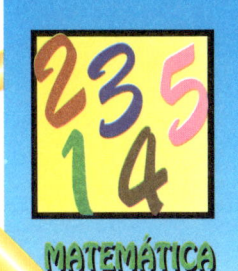

MATEMÁTICA

¡A disfrutar unas ricas golosinas!

La tía de Germán le regaló esta bolsa inmensa de golosinas. Y quiere compartirla contigo.

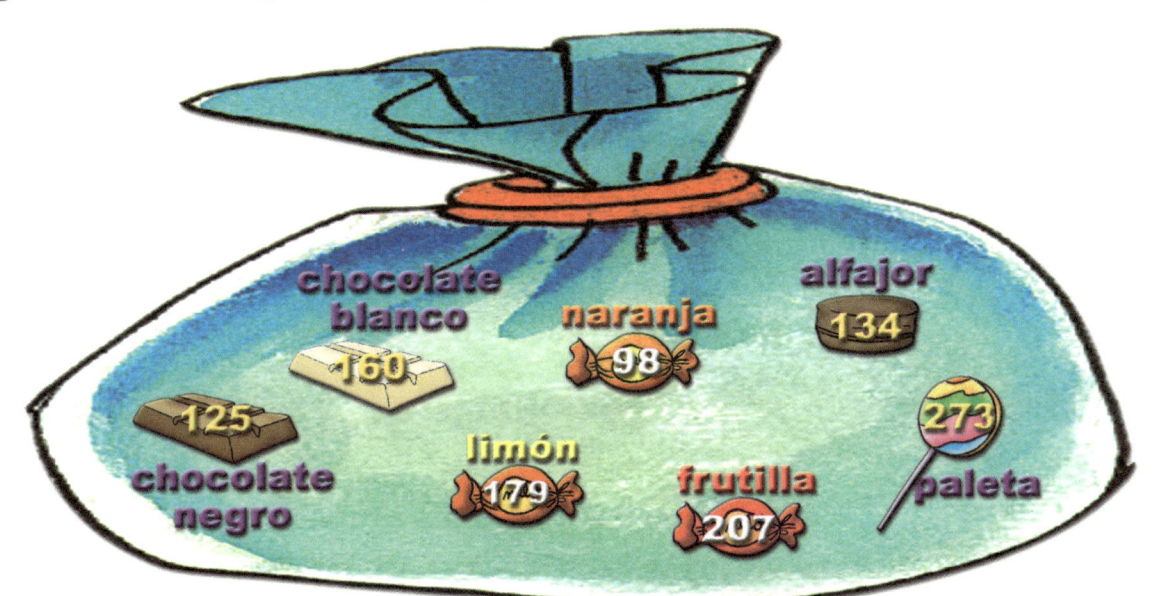

chocolate blanco 160
chocolate negro 125
naranja 98
limón 179
frutilla 207
alfajor 134
paleta 273

Completa el cuadro.

Golosinas		Sumando
naranja 98, frutilla 207, limón 179	..........+..........+..........=	☐
chocolate negro 125, chocolate blanco 160	..........+..........=	☐
naranja 98, frutilla 207	..........+..........=	☐
paleta 273, alfajor 134	..........+..........=	☐

¿DE DÓNDE VENIMOS?

NATURALES

¡A dibujar con mucha imaginación!

Dibuja cómo te imaginas que es un bebé en la panza de la mamá...

La mamá de Germán le contó cosas que pasaban cuando él era bebé.

Pregunta en tu casa qué sucedió cuando tú eras un bebé, y luego completa este cuadro.

EDAD	ALIMENTACIÓN	JUEGOS	HIGIENE	ALGO MÁS
1 MES				
6 MESES				
9 MESES				
1 AÑO				
2 AÑOS				

JUGANDO CON NÚMEROS

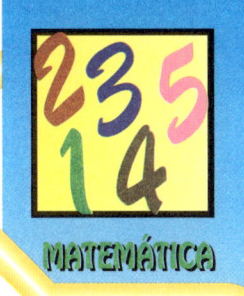

MATEMÁTICA

¡Anímate a inventar tus propios problemas!

Completa el siguiente cuadro.

NÚMERO	DESCOMPOSICIÓN	EN LETRAS
321		
	100+40+8	
		doscientos veintiuno
	300+20+1	
296		

Elige algunos números del cuadro y escribe con ellos dos situaciones problemáticas.

PROBLEMA 1	PROBLEMA 2

221

LENGUA

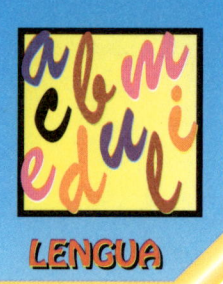

CAZANDO PALABRAS

¡A las palabras se las llevó el viento!

Ya sabes que las palabras son traviesas... Hoy abrí esta revista y Germán me contó que se fueron a pasear.

¿Las traes?

LA FAMILIA DE GUSANOS SE PRESENTA

MATEMÁTICA

¡Qué numerosa es la familia de gusanos!

Sigue la serie.

321 — de 3 en 3

274 — de 1 en 1

403 — de 2 en 2

99 — de 4 en 4

Descubre a otro integrante de esta familia de gusanos, dibújalo en un cuaderno e invéntale una nueva serie.

AVIONES EN EL CIELO

¡A ordenar los aviones mezclados!

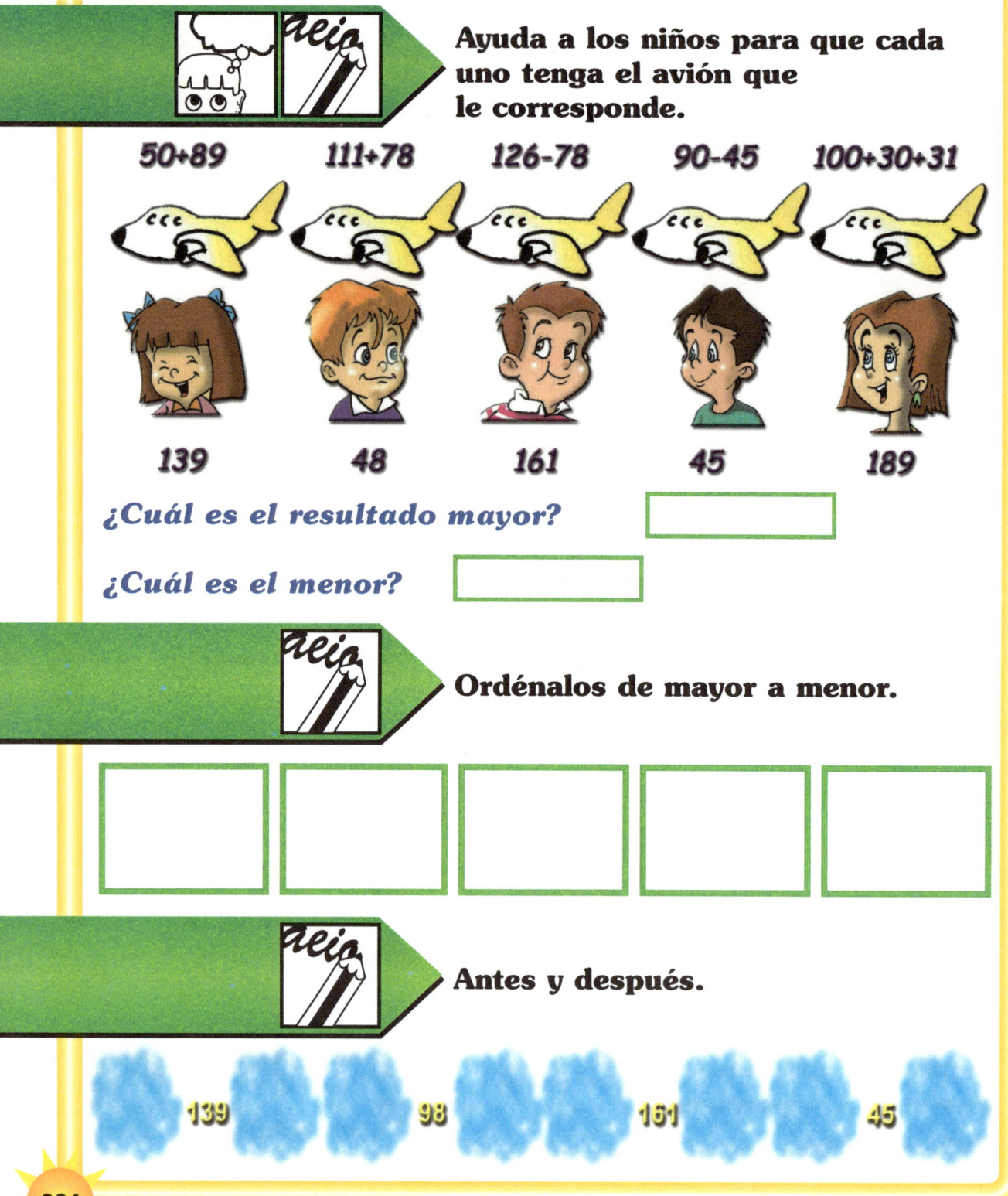

Ayuda a los niños para que cada uno tenga el avión que le corresponde.

50+89   111+78   126-78   90-45   100+30+31

139   48   161   45   189

¿Cuál es el resultado mayor? ☐

¿Cuál es el menor? ☐

Ordénalos de mayor a menor.

☐ ☐ ☐ ☐ ☐

Antes y después.

139   98   161   45

VEO VEO... Y DESPUÉS ESCRIBO

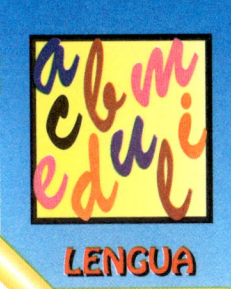

LENGUA

¡A inventar tu propia historia!

Cuenta qué hace el hada "Marilín" en esta historieta.

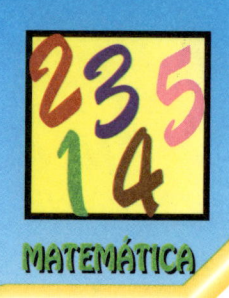

HABLAMOS DE DOBLES Y DE TRIPLES

MATEMÁTICA

¡A multiplicar prestando mucha atención!

Completa el siguiente cuadro.

NÚMERO	DOBLE (2 VECES)	TRIPLE (3 VECES)
12		
20		
9		
15		

Juega con las máquinas transformadoras y escribe el resultado de la transformación.

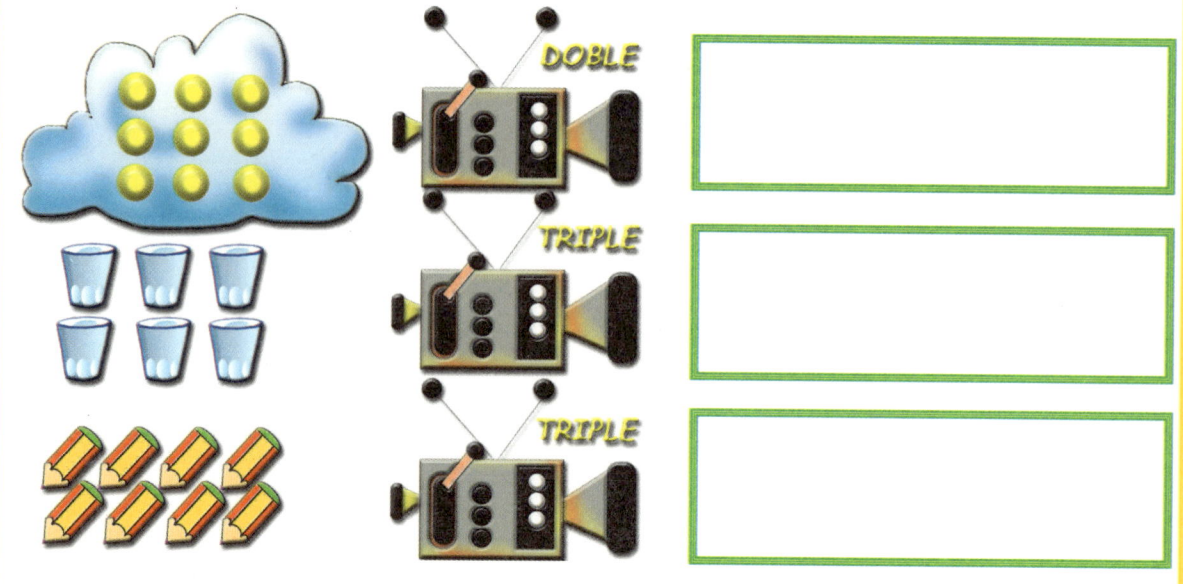

DOBLE

TRIPLE

TRIPLE

CADA CUAL A SU LUGAR

NATURALES

¡Hogar dulce hogar!

Piensa dónde vivirán estos animales.

¿Alguno vivirá en más de un lugar? ¿Cuál?

Completa el siguiente texto.

EL TIBURÓN Y EL DELFÍN VIVEN EN EL AGUA. SON ANIMALES DEL AMBIENTE _____. EL LEÓN Y EL CABALLO VIVEN EN EL AMBIENTE _____, Y LOS QUE SE DESPLAZAN EN EL AIRE, COMO EL ÁGUILA, SON ANIMALES DEL AMBIENTE _____.

227

REVISANDO ESTANTES

LENGUA

¡A leer y disfrutar una poesía!

Germán fue con su papá a una librería, y revisando los estantes encontró en un libro de Antonio Machado esta poesía.

CONSEJOS

**Moneda que está en la mano
quizás se deba guardar;
la monedita del alma
se pierde si no se da.**

¿Sabes quién fue este poeta? Averígualo.

¿Qué otras cosas se pierden si no se dan? Escríbelas.

UN POCO DE ORGANIZACIÓN

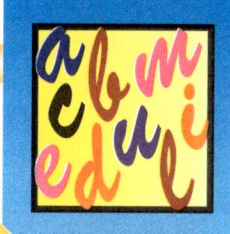

LENGUA

Para no llegar tarde ni olvidarte nada importante...

–¿QUÉ PASA QUE TE VEO TAN AGITADO?
–¡ES QUE RECIÉN ES LUNES, Y TENGO UN MONTÓN DE COSAS QUE HACER!
–¿UN MONTÓN DE COSAS?
–TENGO QUE IR A VER A LA ABUELA, HACER LA TAREA DE LA ESCUELA, TOMAR LA LECHE, JUGAR CON RODRIGO, RECORTAR PALABRAS DEL PERIÓDICO...
–MMM... ME PARECE QUE AQUÍ FALTA ORGANIZACIÓN. ¿POR QUÉ NO USAS LA AGENDA QUE TE REGALÓ SOFÍA?
–¡BUENÍSIMA IDEA, MAMI!

También tú puedes hacerlo. Anota aquí todas tus actividades de esta semana.

LUNES	MARTES	MIÉRCOLES	JUEVES	VIERNES

SOCIALES

LAS ESCUELAS, ¿SON TODAS IGUALES?

¡A observar con mucha atención!

> Observa muy bien estas imágenes y contesta.

¿En qué se diferencian?

_____

¿En qué se parecen?

_____

> Averigua y escribe qué es una escuela rural y una escuela urbana.

¿QUÉ DIRÁN?

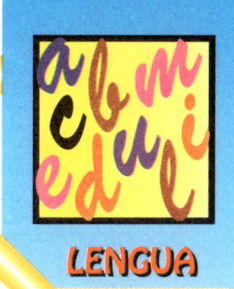

LENGUA

¡Atrévete a escribir increíbles textos!

Inventa qué dicen estos personajes.

Elige un personaje e inventa una historia.

231

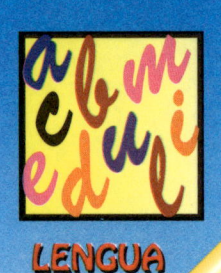

SON RISITAS

LENGUA

Las mentiras tienen patas cortas...

Lee la siguiente historieta.

— Hoy en mi clase me eligieron mejor alumno, el campeón de todos los juegos y el más inteligente.
— ¡Qué suerte, Dany! ¿Todos esos títulos ganaste?
— La verdad... sólo me eligieron el más mentiroso.

Piensa y escribe.

¿Cómo es Dany?

¿Por qué Dany es mentiroso?

Busca palabras que signifiquen lo opuesto a mentiroso.

¿Qué dirías si fueras un poquito mentiroso?

¿Y un poquito vanidoso?

¿Y un poquito disparatado?

EN EL KIOSCO DE DOÑA INÉS

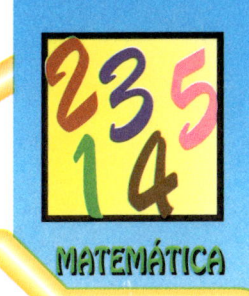

MATEMÁTICA

¡Anímate a resolver este problema!

Luz, Sofía y Rodrigo fueron al kiosco de Doña Inés y compraron:

Luz: Yo compré 5 paletas y 3 caramelos

Rodrigo: 2 gomas de mascar y 4 alfajores

Sofía: 3 gaseosas y 5 galletitas

GOMA DE MASCAR $2
ALFAJOR $1
BEBIDA GASEOSA $2
PALETA O CHUPETÍN $1
CARAMELO $1
GALLETITAS $5
CHOCOLATES $4

¿Cuánto gastaron?

LUZ	RODRIGO	SOFÍA

Luz pagó con un billete de $50.
¿Cuánto le dieron de vuelto?

Rodrigo pagó con un billete de $20.
¿Cuánto le dieron de vuelto?

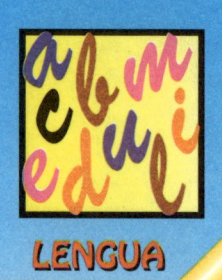

¡QUÉ DIFÍCIL!
¡NO SE ENTIENDE NADA!

LENGUA

¡Qué historieta más disparatada!

Para que esta historieta tenga sentido, ordena las viñetas enumerándolas.

Y DESDE ESE DÍA ANITA TUVO MUCHOS AMIGOS PARA JUGAR

LES PREGUNTÓ SI PODÍA JUGAR CON ELLOS

ANITA ESTABA TRISTE

UN DÍA SE ENCONTRÓ CON UNOS NIÑOS

NO TENÍA AMIGOS PARA JUGAR

CUANDO LOS RELOJES HABLAN

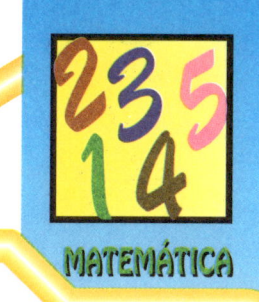

MATEMÁTICA

¡Anímate a viajar por el tiempo!

Relaciona numéricamente los relojes digitales con los de agujas.

10:05   12:15   1:45

18:10   3:30   11:40

CONOCIENDO ANIMALES

NATURALES

Cosas de animales...

Completa el siguiente cuadro.

	CUERPO	AMBIENTE	COME	SE MUEVE
🐒				
🐟				
🐍				
🦢				
🐢				

Dibuja en una hoja un animal que te guste, y cuenta cómo se desplaza, qué come, dónde vive y otras cosas que tú quieras.

EN EL SUPERMERCADO DEL SOL

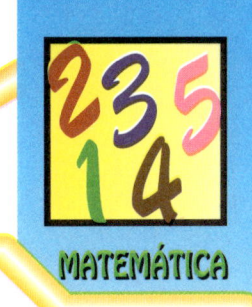

¡Anímate a resolver este problema!

Todos los amigos fueron de compras, en busca de los elementos necesarios para festejar el cumpleaños de Sofía.

Resuelve en tu cuaderno.

Germán compró 128 cajas de hamburguesas con cebollas y 221 cajas con pimienta. ¿Cuántas cajas compró en total?

Si en cada caja vienen 4, ¿cuántas hamburguesas compró?

Y si cada caja cuesta $3, ¿cuánto gastó Germán?

También compró los panes para las hamburguesas. ¿Cuántos habrá comprado?

SEGUIMOS DE COMPRAS

MATEMÁTICA

¡Anímate a resolver este problema!

Sofía se encargó de la compra de los pasteles, y compró 134 de fresa, 201 de chocolate y 49 de crema. ¿Cuántos pasteles compró?

Si cada pastel costó $2, ¿cuánto gastó?

Rocío se encargó de las bebidas y compró 126 de limón, 204 de naranja y 37 de frutilla. ¿Cuántas bebidas compró?

Si cada bebida costó $2, ¿cuánto gastó Rocío?

Completa el siguiente cuadro.

	Germán	Rocío	Sofía	Total
Producto	🍔	🥤	🍕	
Precio				

¿Quién gastó más dinero?

¿Cuánto gastaron en total?

SOBRE-NOMBRES

LENGUA

¡A crear tu propia historia con divertidos personajes!

Une según corresponda para formar los nombres de los personajes.

EDAD

ES

RA   VADOR

ENCIA

ALV   AGROS

Ahora inventa una historia donde participen los personajes que acabas de descubrir.

239

NATURALES

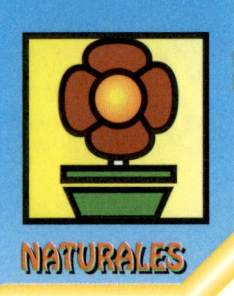

¿QUÉ PASARÍA SI...?

¡Hogar dulce hogar!

Relaciona cada animal con su hábitat y cuéntanos algunas cosas acerca de él.

Piensa y contesta.

¿Qué pasaría si se los cambiara de lugar? ¿Podrían vivir? ¿Por qué? ¿Qué sucedería con ellos al cabo de un tiempo?

UNA AVENTURA EMOCIONANTE

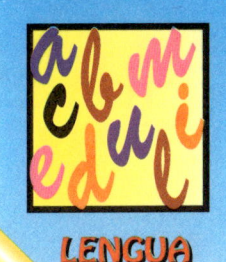

LENGUA

¡A leer se ha dicho!

Recorta una noticia que te haya interesado y pégala.

Lee esta noticia que apareció en la revista "Humi".

ENCUENTRO CON EL TIGRE

Perseguido y al borde de la extinción, el yaguareté siempre despertó el temor y la admiración del hombre. Horacio Quiroga, en sus "Cuentos de la selva", relata historias fascinantes. En una de ellas cuenta cómo un hombre que se hallaba durmiendo en su canoa fue despertado por el manoteo curioso de un tigre con su poncho. Sobresaltado, el hombre se incorporó. Pero el susto del tigre no fue menor. Ambos se miraron por largo rato, sin apartar la vista. Muy despacio el yaguareté retrocedió palmo a palmo y se hundió de ancas en el monte. "Nunca en la vida tuve tanto miedo, pero el tigre también..." dijo el hombre.

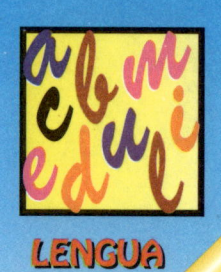

TRABAJANDO CON LA NOTICIA

Y ahora... ¡a trabajar con la noticia!

Realiza por orden cada paso.

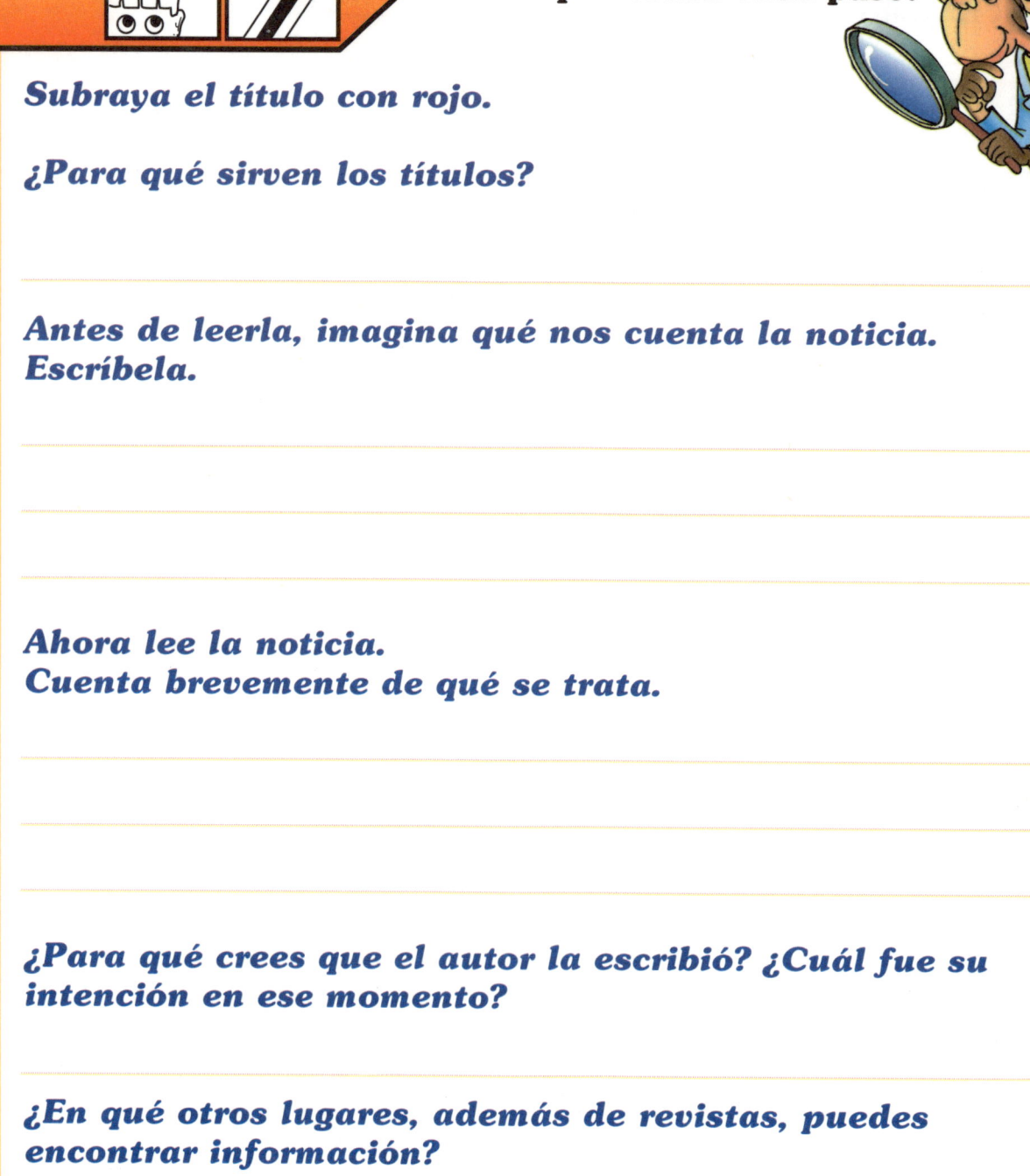

Subraya el título con rojo.

¿Para qué sirven los títulos?

_____

Antes de leerla, imagina qué nos cuenta la noticia. Escríbela.

_____
_____
_____

**Ahora lee la noticia.
Cuenta brevemente de qué se trata.**

_____
_____
_____

¿Para qué crees que el autor la escribió? ¿Cuál fue su intención en ese momento?

_____

¿En qué otros lugares, además de revistas, puedes encontrar información?

_____

UN LINDO LUGAR

NATURALES

¡A observar con mucha atención!

Observa el dibujo, y completa el siguiente cuadro.

SERES VIVOS	ELEMENTOS NO VIVOS

Piensa y contesta qué hacen los seres vivos.

243

MATEMÁTICA

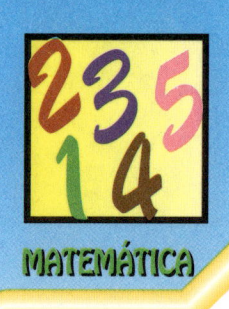

¡ORGANIZANDO UN FESTIVAL!

¡A disfrutar con tus amigos de un divertido festival!

TREN FANTASMA $4	*BEBIDAS $2*
AUTOS CHOCADORES $2	*CHOCOLATES $3*
CARRUSEL $2	*GLOBOS $1*
MONTAÑA RUSA $4	*PALETAS $2*

Los amigos organizaron un festival en la plaza, y todo el vecindario colaboró. Veamos cómo se divirtieron todos, y tú también.

244

¡UN TICKET, POR FAVOR!

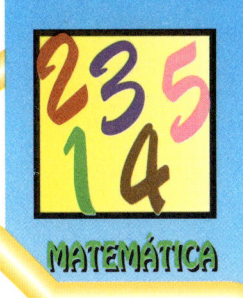

MATEMÁTICA

¡Anímate a resolver este problema!

Organízales a los amigos un día de diversión en el festival con el dinero con que cuentan.

$10
$5

$5
$2
$1

$5
$10 $10

El Conejo Gutiérrez también quiere divertirse

Y... tú también puedes divertirte.
Arma en una hoja un día de diversión y alegría en el festival.

COMPARTIENDO UN MISMO LUGAR

INTEGRADA

¡Hogar dulce hogar!

Dibuja un lugar "ideal" en donde puedan vivir estos animales.

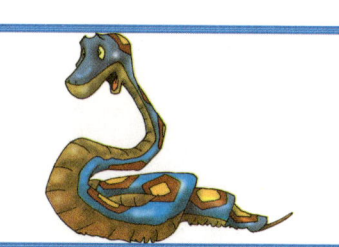

Luego inventa una historia que transcurra allí.

ADIVINA ADIVINADOR...

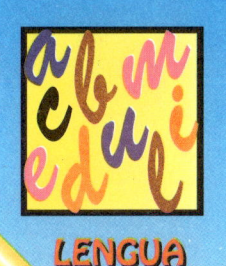

LENGUA

¡Anímate a resolver adivinanzas!

Lee las adivinanzas y escribe las respuestas de cada una.

*Salimos cuando anochece,
nos vamos al cantar el gallo,
y hay quien dice que nos ve
cuando le pisan un callo.*

*Me vistieron de amarillo,
me adornaron de marrón.
tengo un corazón sabroso
para un niño comilón.*

*Vuela sin alas
silba sin boca
azota sin manos
y tú no lo tocas.*

*¿Quién es?
¿Quién es
el que bebe por los pies?*

*Chiquito como un ratón,
guarda la casa
como un león.*

Escribe una historia con estos cinco personajes, que se encontraron una noche.

247

NATURALES

LAS PLANTITAS YA CRECIERON

¡A conocer un poco más sobre las plantas!

Completa.

sirve para

sirve para

RAÍZ
sirve para
ABSORBER
y **FIJAR**

sirve para

Escribe algunas recomendacionaes para cuidar los vegetales.

248

¿DÓNDE VAMOS?

SOCIALES

Y tus vacaciones... ¿cómo serán?

Germán encontró esta historieta y se rió mucho.

¿Cómo serán mis vacaciones?
¿Con zambullidas en el mar?
¿Con escaladas por las sierras?
¿Con revisación de piscina?
¿Con paseos por el campo?

Conversa con tus amigos y contesta.

Desde el lugar donde vives:

¿Cómo harías para llegar al mar?

....

¿Cómo viajarías hasta las sierras?

....

¿Cómo llegarías hasta el campo?

....

¿Y hasta la piscina más cercana?

....

249

INTEGRADA

RECUERDOS DE...

¡A recuperar las palabras perdidas!

Germán soñaba con irse de vacaciones el próximo verano.
Mientras pensaba a qué lugar ir con su familia...
Sofía le dio una idea; entonces, empezó a revisar cajas donde su mamá guardaba cartas de otros veranos, y comenzó a leerlas.
La carta que había mandado su tía Gabriela le llamó mucho la atención...
¡El tiempo había borrado algunas palabras...!

Ayúdalo a recuperarlas.

.... DE .... 20...........

QUERIDOS ....:

¿CÓMO ESTÁN USTEDES? YO, POR SUERTE, MUY BIEN.

DISFRUTANDO DEL .... EN LA .... Y .... EN EL AGUA.

CUANDO ME ABURRO DE NADAR, ME TIRO EN LA .... Y ME

.... PARA HACERLE UN CHISTE AL TÍO GUSTAVO QUE ME

BUSCA Y .... ME ENCUENTRA. A LA TARDE .... POR LA

.... BUSCANDO .... PARA HACER UNA LINDA

COLECCIÓN Y LLEVARLES EL REGALO QUE LES PROMETÍ.

BESOS,

TÍA GABRIELA

P.D.: LES MANDA SALUDOS EL TÍO GUSTAVO.

¿ME DESCUBRES?

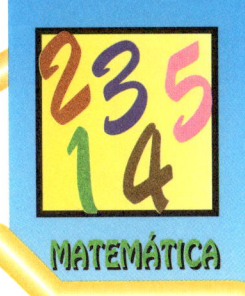

MATEMÁTICA

¿Te animas a descubrir al personaje escondido?

Une los puntos y verás quién soy.

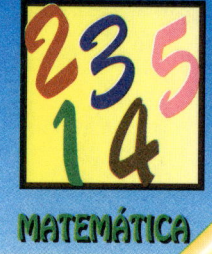

MELLIZAS Y TRILLIZOS

MATEMÁTICA

¡Un viaje al mundo de mellizas y trillizos!

A los papás y a las mamás de las mellizas Rocío y Luz, y de los trillizos Matías, Mateo y Mariano, cuando salen de compras todo se les duplica o triplica.

Ayuda a completar estas tablas escribiendo el total de objetos que tienen los niños.

LA TABLA DE LAS MELLIZAS

Los papis compran	Las mellizas tienen
2 x 0 dulces	0 dulces
2 x 1 paraguas	
2 x 2 camisas	
2 x 3 libros	
2 x 4 cuadernos	
2 x 5 bufandas	
2 x 6 pantalones	
2 x 7 stickers	
2 x 8 crayones	
2 x 9 lápices	
2 x 10 juguetes	

LA TABLA DE LOS TRILLIZOS

Los papis compran	Los trillizos tienen
3 x 0 dulces	0 dulces
3 x 1 paraguas	
3 x 2 camisas	
3 x 3 libros	
3 x 4 cuadernos	
3 x 5 bufandas	
3 x 6 pantalones	
3 x 7 stickers	
3 x 8 crayones	
3 x 9 lápices	
3 x 10 juguetes	

CONOZCAMOS AL SEÑOR GUTIÉRREZ

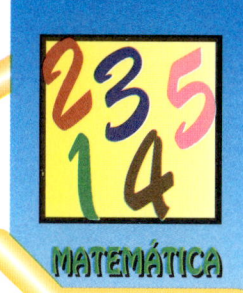

MATEMÁTICA

¿Te animas a descubrir al personaje escondido?

Une los puntos.

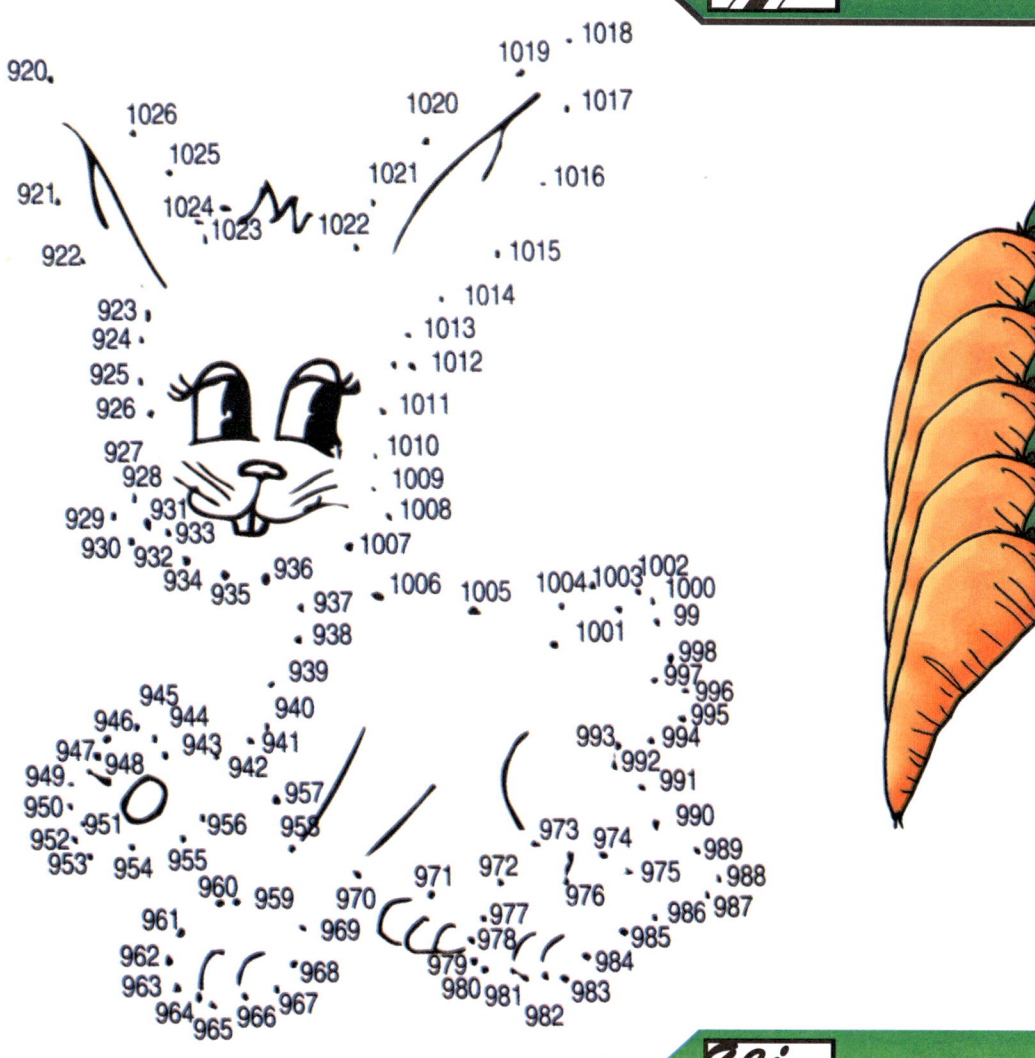

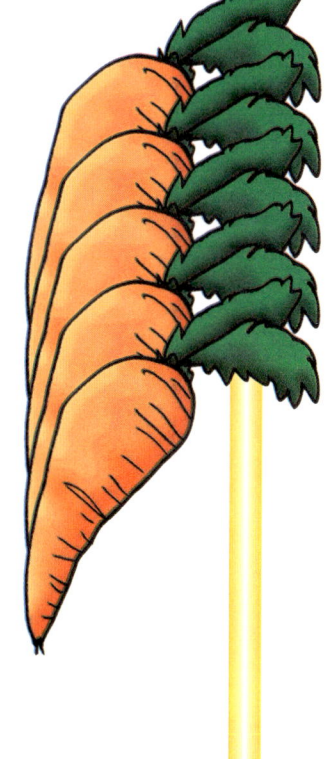

¿Cuál es el número mayor de la serie? ¿Cuál es el menor?

Mayor	Menor

EN EL RESTAURANTE DE DON PIPÓN

INTEGRADA

¿Qué hay hoy para comer?

Ayuda a Don Pipón a escribir los menúes. Luego relaciónalos con quien corresponda.

Menú para niños traviesos

Menú para gatos comilones

Menú para perros enamorados

Menú para grandes amigos

DESCUBRIENDO EL MISTERIO

¡Desafíate y descubre lo que se encuentra escondido!

Pinta según el código y revelarás el misterio.

Una vez que lo descubras, escribe en un cuaderno una historia de aventuras con él.

LEEMOS UN CUENTO

¡A leer se ha dicho!

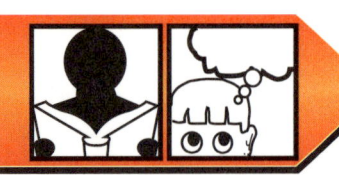

Lee y piensa.

EXTRAÑA BODA

Los piojos y pulgas se quieren casar.
Por falta de trigo no se casarán.
Y dice la hormiga desde su hormiguero:
–Háganse las bodas, yo llevo un granero.
Y dice la rana desde su gran charca:
–Háganse las bodas, yo llevo la cama.
Y el topo promete desde su topera:
–Háganse las bodas, yo haré casa nueva.
Y el grillo y la grilla dicen muy contentos:
–Háganse las bodas, padrinos seremos.
Y dice el lagarto desde su cueva oscura:
–Háganse las bodas, que yo seré el cura.
Gallinas y pollos se ofrecen gustosos
para ir a las bodas de pulgas y piojos.
Salen de la iglesia todos muy alegres,
pero, en el camino, los novios se pierden.
–Señores, ¿qué pasa?
¿Dónde estan los novios?
–Se los han comido gallinas y pollos.

Cuento folklórico

ANALIZAMOS EL CUENTO

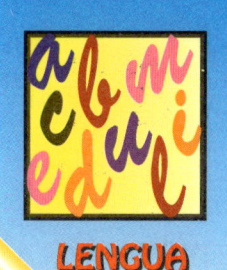

Y ahora... ¡a trabajar con el cuento!

Luego de leer el cuento, contesta estas preguntas.

¿De qué trata el cuento?

¿Qué significa cuento folklórico? ¿Quién es el autor?

¿Quiénes se casaban?

¿Quiénes se ofrecieron para colaborar con el festejo?

¿A qué otros personajes invitarías tú?

NATURALES

CON VIDA O SIN VIDA

¡Agudiza tu mente y presta mucha atención!

Observa las imágenes y señala con rojo los seres vivos y con azul las cosas sin vida.

Averigua y luego completa con otros ejemplos de seres vivos y elementos sin vida.

SERES VIVOS   **COSAS SIN VIDA**

258

ALIMENTOS Y SU ORIGEN

NATURALES

¿De dónde vienen estos alimentos?

Dibuja lo que falta en cada espacio.

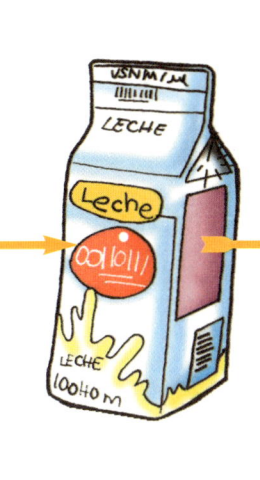

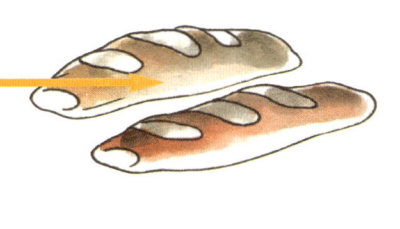

NATURALES

CADA COSA EN SU LUGAR

¡A poner orden en la cocina!

Guarda con flechas cada elemento donde corresponde.

HERRAMIENTAS PARA COCINAR

NATURALES

¡A cocinar con los elementos de cocina!

Escribe para qué utilizas cada una de estas herramientas.

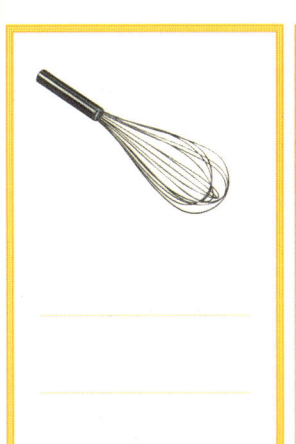

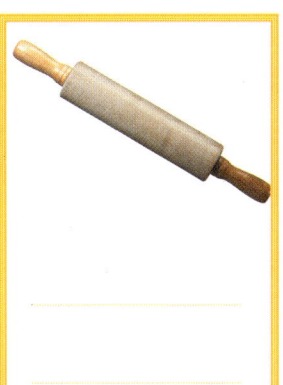

NATURALES

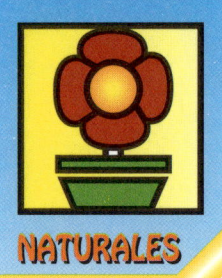

¡HORA DE COMER!

Y a ti... ¿qué te gusta comer?

Agrupa como te guste a estos animales según lo que comen.

Completa.

Los animales que comen hierbas se llaman _____

Los que comen carne se llaman _____

Y los que comen carne y hierbas son _____

Conversa con tus amigos. ¿De qué se alimentan los vegetales?

262

CRUCI ANIMALADA

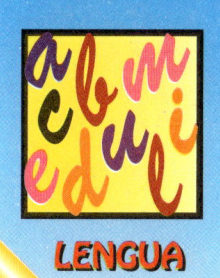

LENGUA

¡Desafíate y resuelve este crucigrama!

Completa el siguiente acróstico.

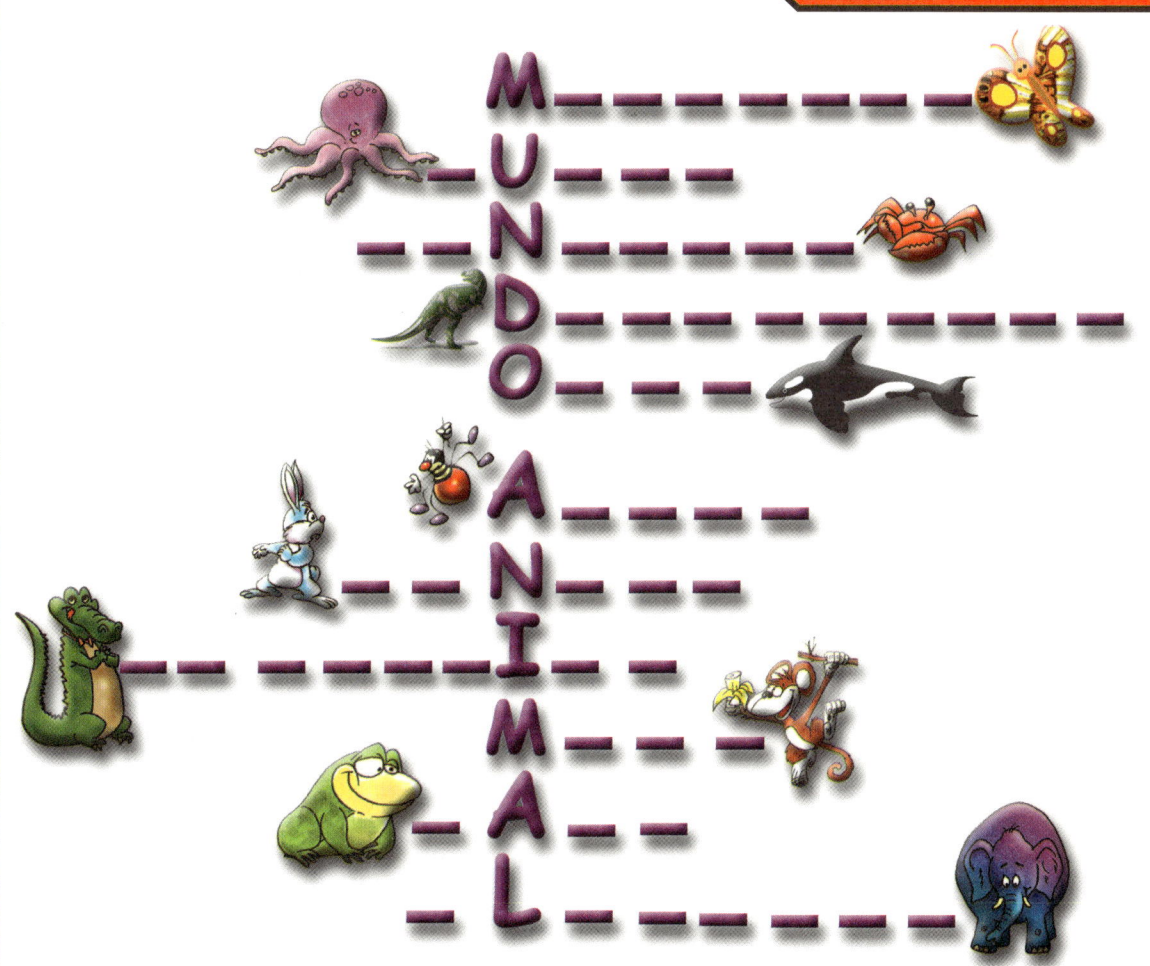

```
        M _ _ _ _ _ _ _ _ _
      _ U _ _ _ _
      _ _ N _ _
  _ _ _ D _ _ _ _ _ _ _ _ _
        O _ _ _

        A _ _ _ _
      _ N _ _ _ _
_ _ _ _ I _ _ _ _ _ _ _
      _ M _ _ _ _
    _ _ A _ _
  _ _ L _ _ _ _ _ _ _ _
```

Algunos animales del crucigrama se fueron de paseo. Germán está muy preocupado, pero sabe que se fueron sólo los de más de seis letras. ¿Cuáles son?

Cuenta y dibuja cómo fue el paseo que dieron los animales que descubriste.

263

NATURALES

¡HOY ESTAMOS DE FESTEJO!

¡Menúes especiales para los invitados!

Hoy es el cumpleaños de Timoteo, la mascota de Germán, e invitó para festejarlo a todos sus amigos y a sus mascotas...

Dibuja el menú para cada uno de los invitados.

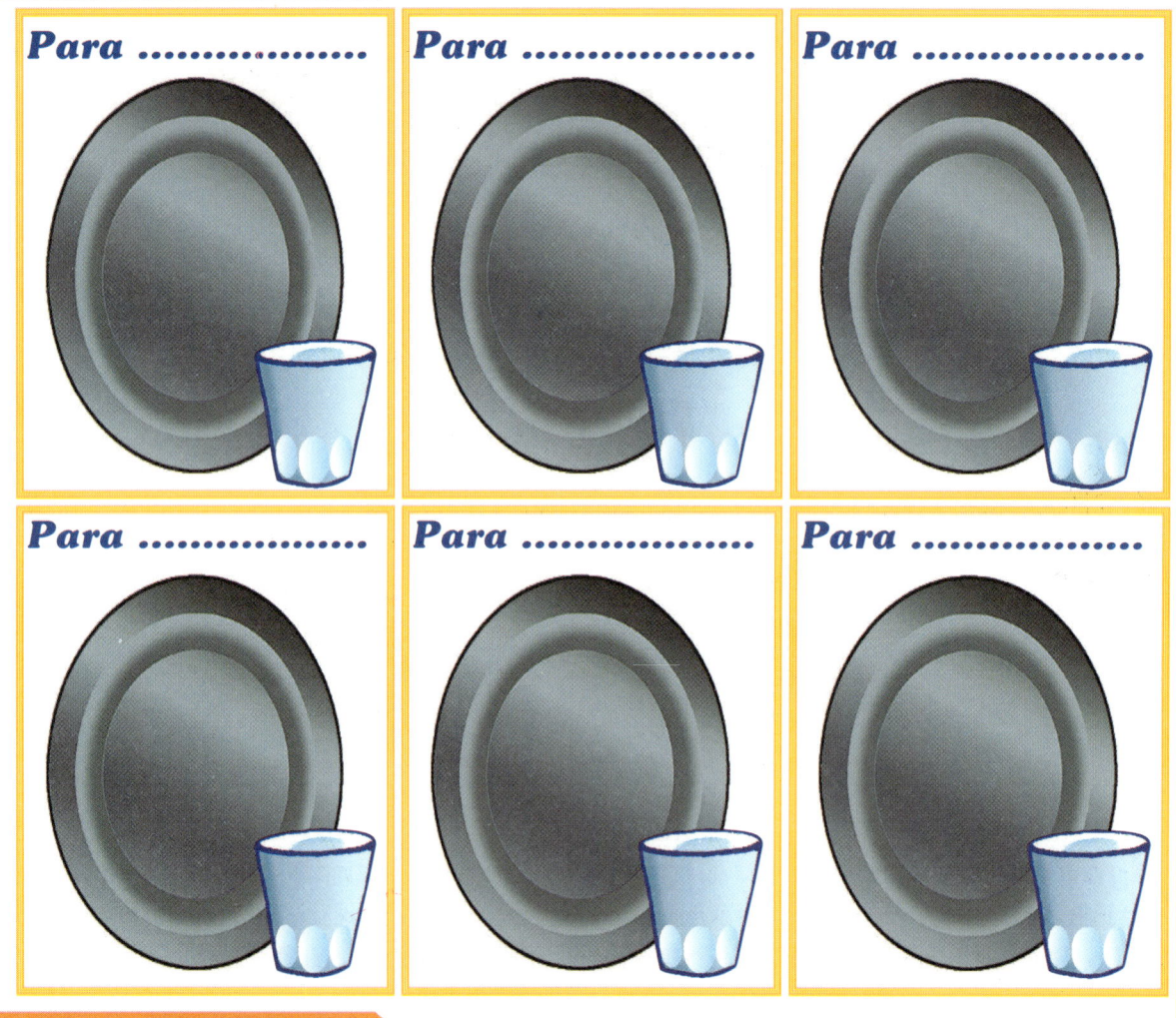

Para ....

Para ....

Para ....

Para ....

Para ....

Para ....

Dibuja en una hoja cómo prepararías el pastel, y escribe los ingredientes.

HABLANDO DE MASCOTAS

NATURALES

¡Anímate a crear lo que te gusta con imaginación y fantasía!

Germán ya te ha presentado a su mascota Timoteo. Ahora es el momento de que presentes a la tuya. ¿No te parece? Si no tienes, ¿cuál te gustaría tener?

Dibuja aquí a tu mascota o la que te gustaría tener.

Cuéntanos algunas cosas acerca de ella, qué come, cómo es, qué cosas le gustan, a qué juega, y muchas cosas más…

NATURALES

ENCADENADOS

¡A conocer un poco más los seres vivos de nuestro planeta!

Reproduce, recorta y arma la cadena alimentaria. Pega los carteles donde corresponda.

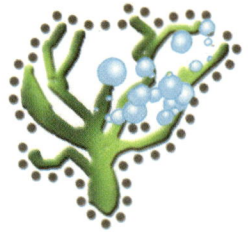

| PRODUCTOR | CONSUMIDOR SECUNDARIO | CONSUMIDOR PRIMARIO |

Piensa y contesta.

¿Qué sucedería si desaparecieran los vegetales de los ambientes naturales?

MI BANDERA

SOCIALES

¡A leer se ha dicho!

Lee la poesía.

**Bandera de mi Patria
aunque soy todavía
niño pequeño,
bandera de mi Patria
contigo sueño.**

**Sueño que un día
seré tu abanderado
bandera mía.**

**En mi sueño glorioso
tu paño beso
y siento yo en el hombro
tu dulce peso.**

**Bandera amada,
en mi sueño de niño
vas reclinada.**

Germán Berdiales

Piensa y responde.

¿Cómo es nuestra bandera?

_____
_____

¿Para qué le sirve a un país tener una bandera?

_____
_____

¿En qué lugares ves nuestra bandera?

_____
_____
_____

267

NATURALES

¿DÓNDE VIVIRÁN?

Cada animal en su lugar...

Reproduce, recorta estos animalitos y ubícalos en su hábitat.

ARMANDO CADENAS

NATURALES

¡A conocer un poco más los seres vivos de nuestro planeta!

Reproduce y recorta los dibujos para armar cadenas alimentarias.

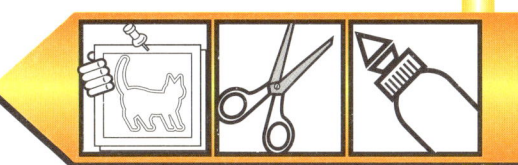

Responde las siguientes preguntas en un cuaderno.

¿Quién es siempre el primer eslabón de la cadena alimentaria? ¿Por qué? ¿Cómo se llama?

¿Qué come el segundo integrante de la cadena? ¿Por qué?

¿Cuál es el último eslabón de la cadena? ¿Por qué?

269

LENGUA

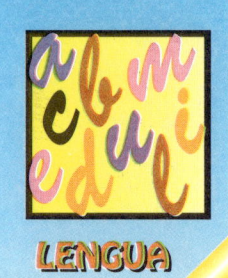

UN CUENTO PARA ARMAR

¡Anímate a crear tus propias historias!

Escribe, reproduce y arma tu propio cuento.

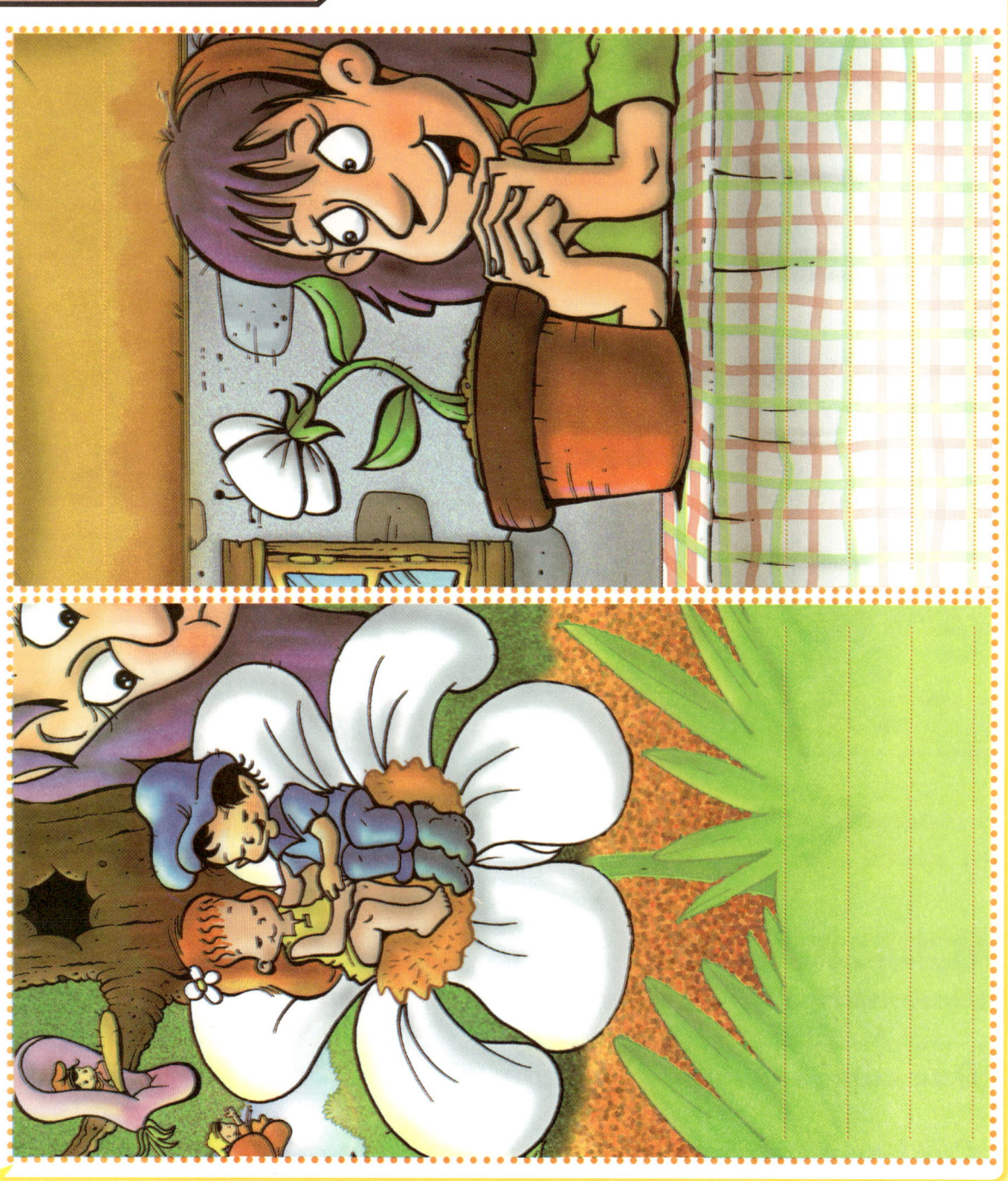

270

UN CUENTO PARA ARMAR

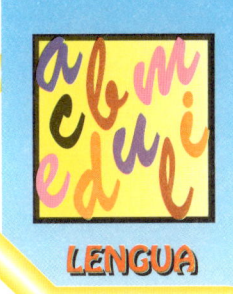

LENGUA

¡Anímate a crear tus propias historias!

Escribe, reproduce y arma tu propio cuento.

271

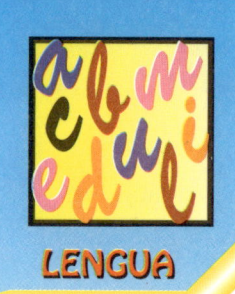

UN CUENTO PARA ARMAR

LENGUA

¡Anímate a crear tus propias historias!

Escribe, reproduce y arma tu propio cuento.

OTRO CUENTO PARA ARMAR

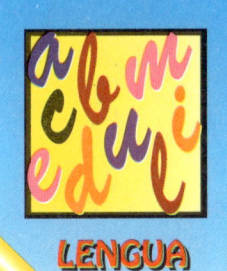

¡Anímate a crear tus propias historias!

Escribe y arma tu propio cuento con dibujos o lo que te guste.

LENGUA

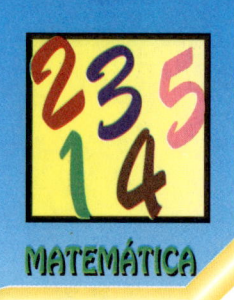

ENSALADA DE DINOSAURIOS

MATEMÁTICA

¿Quién dijo que se habían extinguido?

A estos dinosaurios se les perdió su pareja. Júntalos, resolviendo las operaciones y relacionándolos.

| 700 + 50 + 2 | 1000 + 800 + 50 | 479 X 5 | 389 X 4 |

| 1000 + 500 + 56 | 370 X 5 | 2000 + 305 + 90 | 188 X 4 |

Ordena los resultados de menor a mayor.

Dibuja en una hoja el dinosaurio que más puntos tuvo.

RECORRIENDO EL VECINDARIO

LENGUA

¡A observar con mucha atención!

Luz y Rocío, las melli, salieron a pasear por su vecindario. En el camino se encontraron con la doctora Elsa; ella es odontóloga, y tiene su consultorio en el vecindario. También se encontraron con Don Miguel, que es el portero del edificio en donde vive Germán; con Doña Inés, la encargada del kiosco, y con Sofía, que había salido a pasear con su abuela Tuti.

Mira la escena y cuéntanos qué está haciendo cada uno.

275

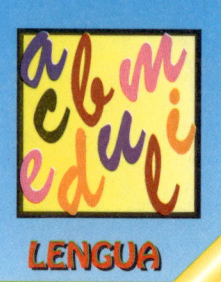

RECONOCIENDO A LOS PERSONAJES

LENGUA

Deja volar tu imaginación y... ¡a completar!

En el cuadro anterior vimos a muchos personajes.

Dinos cómo son. ¿Qué otras cosas te imaginas de ellos?

Agrega adjetivos.

ROCÍO LUZ	DON MIGUEL	TUTI

SOFÍA	DOÑA INÉS	DRA. ELSA

UN BAÚL DE SORPRESAS

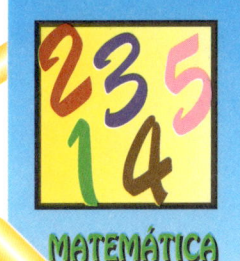

MATEMÁTICA

Busca en el baúl y diviértete calculando.

Luz y Rocío fueron con sus amigos a visitar a su abuela. Ella los recibió con un rico pastel y una taza de leche chocolatada, y les mostró su baúl de sorpresas. Veamos qué encontraron en él:

Piensa estas situaciones y contesta.

Había 38 collares. Si se los repartieron entre Luz, Rocío y Sofía, ¿cuántos collares le tocaron a cada una?

También había 47 guantes. ¿Cuántos pares de guantes formaban? ¿Sobró alguno?

LENGUA

INVENTOS Y DESCUBRIMIENTOS

¡Anímate a dibujar y crear cosas locas!

Las melli leyeron que a una fiesta del vecindario acudió la doctora Luz Iérnaga, autora, junto con el licenciado Fosfo Rito, de un espectacular invento: un aparato especialmente diseñado para probar fósforos o cerillas.

Dibuja cómo te imaginas el aparato diseñado por la doctora, y describe su funcionamiento.

**¿Qué otros inventos ridículos se te ocurren?
Escribe cómo funcionan.**

¿QUÉ LE FALTA?
¿QUÉ LE SOBRA?

LENGUA

¡Si eres una persona observadora, las melli te necesitan!

Observa con atención estas imágenes y ayuda a las melli a descubrir las 8 diferencias.

279

MATEMÁTICA

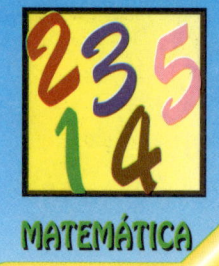

UN NUEVO SISTEMA DE NUMERACIÓN

De la antigua Roma... con amor.

Un poco de historia...

Hace muchísimos años, unos señores matemáticos muy estudiosos inventaron un sistema de numeración con letras. Qué raro, ¿no? ¡Usar letras en vez de números...! Nosotros, en la actualidad, usamos otro sistema de numeración, que tú ya conoces y manejas muy bien, pero en muchas ocasiones vemos que en nuestra escritura hay números "romanos"... Aquí, Luz te los presenta...

Y llegaron los romanos.

I = 1   V = 5

X = 10   L = 50

C = 100

Hay muchos más, pero por ahora te presentamos estos...

Como nuestro sistema de numeración, el sistema romano también tiene sus reglas. Veamos cuáles son...

Sólo se pueden repetir el I, el X y el C, y no más de tres veces.

Si quieres sumar, le agregas la letra correspondiente a la derecha y, si quieres restar, a la izquierda.

Piensa y reflexiona acerca de estas reglas. ¿Cuál es la diferencia con respecto a las reglas del sistema de numeración decimal?

TRABAJANDO CON NÚMEROS ROMANOS

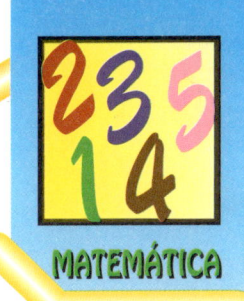

Números formados con letras... ¡qué lío!

Expresa en números romanos.

3 =   24 =

17 =   6 =

4 =   40 =

100 =   300 =

Expresa estos números en nuestro sistema de numeración.

XXVI =   CCCLXXIV =

LVIII =   CVIII =

XCVII =   CXLIX =

Si realizas esta operación, te dará como resultado uno de los números anteriores. ¿Cuál será?

LXX + CIV + CC =

Conviértete en un verdadero matemático, e inventa un sistema de numeración con símbolos y signos nuevos.

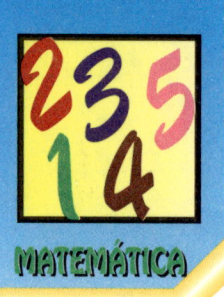

UN JUEGO DE ROMANOS

MATEMÁTICA

¡A pensar, que se vinieron las Olimpíadas matemáticas!

Los romanos practicaban muchos deportes y juegos; entre otros, carreras de carros y luchas entre gladiadores.

Anota en números romanos los totales obtenidos por cada jugador en uno de los torneos.

JUGADOR Nº	CARRERA DE CARROS	LUCHA DE GLADIADORES	TOTAL
I	CCXXXIV	XCV	
II	CXXVI	CCCXXI	
III	LXXXVII	CXCVIII	

Responde las siguientes preguntas.

¿Qué jugador ganó la carrera de carros?

¿Quién la lucha de gladiadores?

¿Quién obtuvo más puntaje en la Olimpíada?

¿Cuántos puntos más que los otros?

282

NO TODOS SOMOS IGUALES

NATURALES

¿De qué se "visten" los animales?

Agrupa estos animales, según tengan el cuerpo cubierto de pelos, plumas o escamas.

CON ESCAMAS	CON PLUMAS	CON PELOS

Responde.

¿Qué animales no pertenecen a ningún grupo?

¿De qué están cubiertos sus cuerpos?

ROMPECABEZAS DE ANIMALES

NATURALES

¡A divertirse cortando y pegando!

Reproduce y recorta las piezas y luego arma los animales.

¿Cómo son sus cuerpos? ¿Dónde viven? ¿Cómo se desplazan y se alimentan? Contesta completando el siguiente cuadro.

Animal	Vive en	Se desplaza	Se alimenta	Su cuerpo es
Conejo				
León				
Mono				
Gallina				
Burro				
Tortuga				
Ardilla				

MODOS DE ALIMENTACIÓN

NATURALES

¡Mmm! ¡Esta actividad me da hambre!

Investiga qué tipo de alimentación tienen estos animales, y únelos con flechas como corresponde.

HERBÍVORA

CARNÍVORA

OMNÍVORA

Piensa y responde en una hoja.

Un león con dientes de ratón...
¿Qué te parece?
¿Podría comer como antes?
¿Por qué?

285

LENGUA

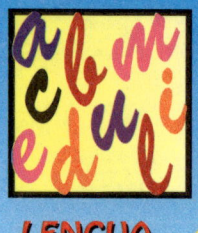

LA FUGA

Busca y rebusca los signos que escaparon.

¡Qué horror! De esta página se fugaron los signos de puntuación. Y ahora... ¡nadie entiende nada!

Coloca donde corresponda
¿? ¡! , .

| Cómo llueve Hoy no podré salir a pasear | Splash splash Qué lindo es jugar en el agua | Qué bonito salió el arco iris |

Contesta estas preguntas.

¿Para qué nos sirven esos signos?

¿Cuándo los usamos?

286

CUADRADOS MÁGICOS

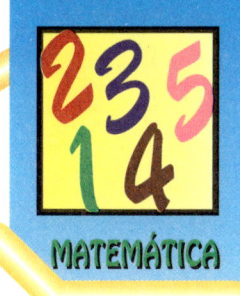

¡Anímate a resolver estos cálculos!

Completa estos cuadros teniendo en cuenta que las sumas verticales y horizontales dan siempre el mismo resultado.

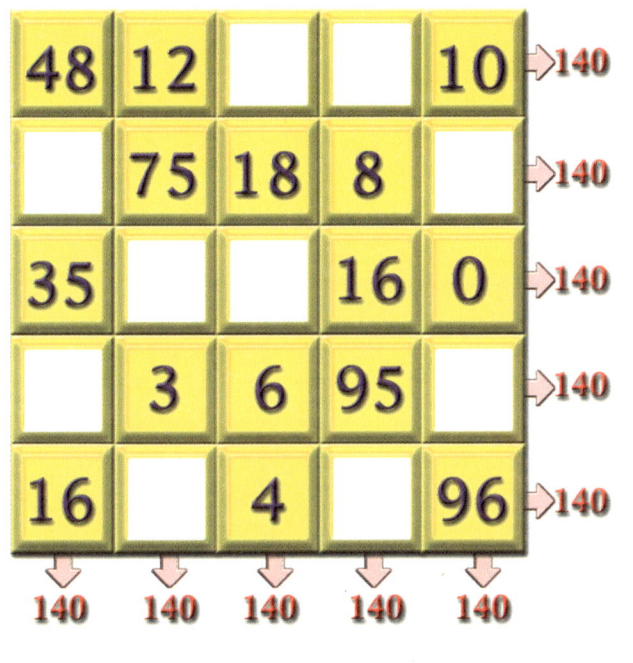

48	12			10	→ 140
	75	18	8		→ 140
35			16	0	→ 140
	3	6	95		→ 140
16		4		96	→ 140

↓ 140   ↓ 140   ↓ 140   ↓ 140   ↓ 140

200

140

21		50		19	→ 200
	90		24		→ 200
35		31		1	→ 200
	47		17		→ 200
1		74		103	→ 200

↓ 200   ↓ 200   ↓ 200   ↓ 200   ↓ 200

287

DESORDEN EN LA VETERINARIA DEL DR. LUIS

NATURALES

¡A ordenar este enredo zoológico!

Al doctor Luis se le mezclaron las fichas de sus pacientes. ¿Lo ayudas a ordenarlas?

Relaciona cada ficha con el animal que corresponde.

Cachi es granívoro.
Se desplaza caminando.
Tiene plumas, alas y 2 patas.

Dulce es herbívoro.
Se desplaza saltando.
Tiene pelo y 4 patas.

Cristal es carnívoro.
Se desplaza caminando.
Tiene patas, pelo y bigotes.

Antonella es piscívora.
Se desplaza nadando.
Tiene cola, aletas y escamas.

Timoteo es omnívoro.
Se desplaza caminando.
Tiene pelos y 4 patas.

Dibuja en un cuaderno un lugar en donde puedan convivir estos animales.

CARRERA DE MASCOTAS

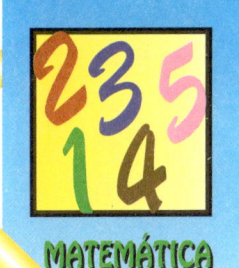

MATEMÁTICA

¡Vamos a recorrer el camino hasta la meta!

Oliverio, Timoteo y el señor Gutiérrez se preparan para la gran carrera en la que tienen que juntar la mayor cantidad de monedas posible. ¿Quién ganará?

| Gana 188 | Gana 8 | | | Gana 20+80 | Gana 195-19 | Gana 1300 | Gana 2000 |

| Gana 700+50+9 | Pierde 10 | Gana el cuádruple | Pierde todo | Gana 2708-700 | Gana 500×8 | |

| Pierde la mitad |
| Gana 200+300+40 |

| Gana 8 veces lo que tiene | Pierde todo | Gana 100 | | Pierde 4 | Gana 40 | Pierde 10 | Gana el doble |

| Gana 1000 | Pierde 18 | Gana el doble | Multiplica lo que tiene por 6 | | Pierde 25 | Gana el cuádruple |

Timoteo: salta de 5 en 5.

Oliverio: salta de 8 en 8.

Gutiérrez: salta de 10 en 10.

Traza el camino de cada uno, y suma las monedas que obtuvieron.

- el camino de Oliverio con rojo
- el de Timoteo con verde
- el del señor Gutiérrez con azul

289

UN DÍA DE TRÁMITES BANCARIOS

MATEMÁTICA

¡Cuánto dinero suelto!

Rocío y su mamá fueron al banco, pues necesitaban cambio de dinero para ir de compras al supermercado.

Escribe los canjes posibles para cambiar 1 billete de $100.

Billetes de $1	Billetes de $2	Billetes de $5

Billetes de $10	Billetes de $20	Billetes de $50

Rocío también llevaba un billete de $2 y uno de $1 para cambiarlos por monedas para su alcancía.

Calcula la cantidad de monedas que obtuvo.

$2 = ☐ monedas de 50 centavos

$1 = ☐ monedas de 10 centavos

PARA PRESTAR ATENCIÓN

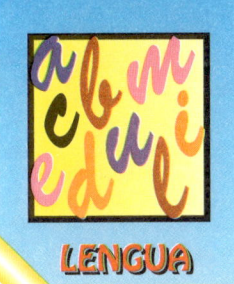

LENGUA

Mudita, mudita, la "h" nos visita.

Escribe los nombres correspondientes a cada imagen.

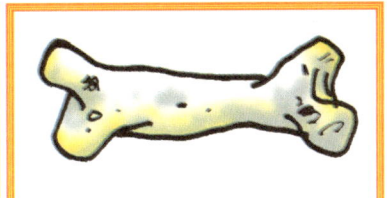

Señala la primera sílaba de cada palabra y contesta.

¿En qué se parecen?

¿En qué se diferencian?

Busca más palabras con esta particularidad, y escribe una lista.

291

NATURALES

CADA CUAL A SU REINO

¡Qué raro! En estos reinos no hay príncipes ni princesas.

Ordena estos alimentos según el reino al cual pertenecen.

MINERAL	ANIMAL	VEGETAL

Piensa y escribe en un cuaderno comidas que posean alimentos de origen vegetal, mineral y animal.

292

NO TODAS LAS DIETAS SON IGUALES

NATURALES

Menúes muy ricos... para niños exigentes.

Arma un día de comidas para una persona vegetariana y para una persona que sólo come carnes.

MENÚ VEGETARIANO

DESAYUNO

COMIDA

MERIENDA

CENA

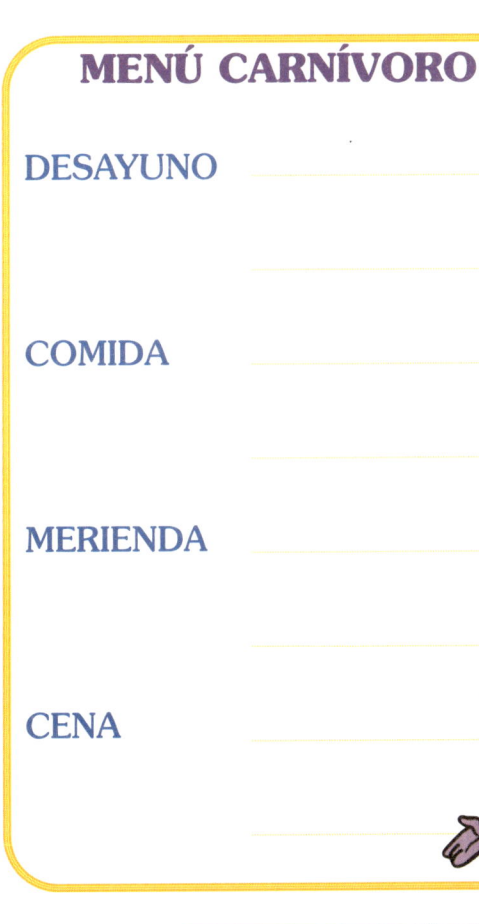

MENÚ CARNÍVORO

DESAYUNO

COMIDA

MERIENDA

CENA

¿Qué debemos tener en cuenta para que una dieta sea balanceada?

Escribe en un cuaderno un día de comidas con alimentos variados. Luego, compara este menú con el vegetariano y el carnívoro.

LENGUA

¡QUÉ FAMILIA NUMEROSA!

¿Te imaginabas que las palabras tenían tantos parientes?

Juega con las palabras, formándoles familias.

Parte de una palabra madre y agrégale hijitos, tías, primos... Aquí van algunos ejemplos.

BOMBÓN
- bombonera
- bombonería
- bombonazo
- bomboncito

SOMBRERO
- sombrerito
- sombrerillo
- sombrerote
- sombrerero
- sombrerucho
- sombrerazo
- sombrerería

Escribe familias con las palabras hombre y lago y piensa... ¿por qué se llamarán familias?

HOMBRE

LAGO

294

UN ROBOT LLAMADO LOTITO

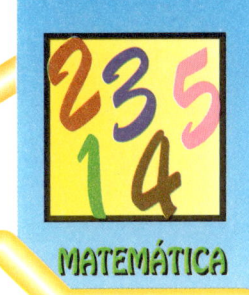

¡Bip, bip! ¡Soy Lotito el robot geométrico!

Lotito es el robot de Lucas, el hermano de las mellizas. Y aquí te lo presentamos:

Lotito está hecho con diferentes figuras. Clasifícalas en dos grupos.

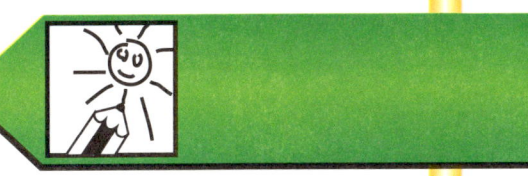

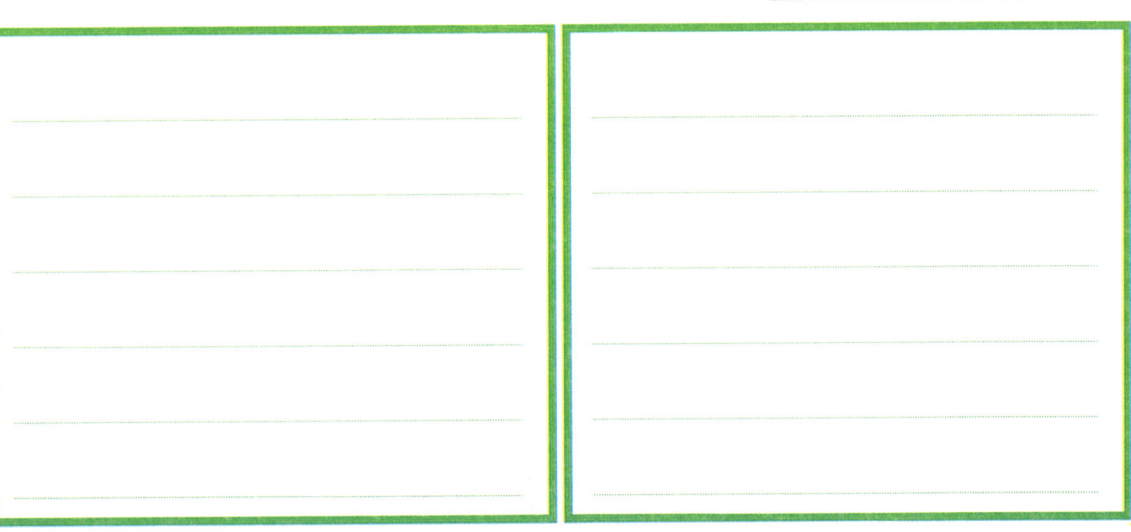

NATURALES

UN VIAJE AL FONDO DEL MAR

Cuidar el medio ambiente es tarea de toda la gente.

Observa bien esta imagen, y luego responde.

¿Qué pasaría con estos seres vivos si se contaminara el agua?

_____

¿Quiénes contaminan el ambiente acuático?

_____

_____

¿Cómo y de qué forma lo hacen?

_____

_____

EL AGUA EN LA NATURALEZA

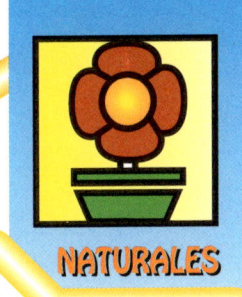

NATURALES

Llueve sobre mojado...

Relaciona, según el estado en el cual se presente el agua.

MAR   LLUVIA   NUBES

RÍO   NIEVE   GRANIZO

SÓLIDO   LÍQUIDO   GASEOSO

Piensa en lugares donde encuentres el agua en diferentes estados, y dibújalos.

297

NATURALES

AL AGUA PATO

Nadando, nadando, te irás informando...

Indica cuáles de estos animales pueden vivir en un medio acuático, y luego dibújalos.

En el mar...

LOS CUENTISTAS

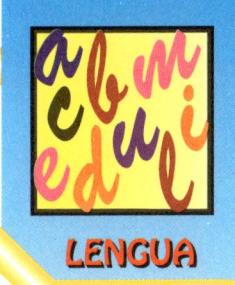

LENGUA

Siéntate en tu sillón favorito… ¡y a escribir!

Escribe un cuento, respetando la secuencia de estas imágenes.

299

MATEMÁTICA

JUGANDO CON LOS BLOQUES

¡A jugar con los cuerpos geométricos!

Rocío y Luz encontraron, revisando su canasto de juguetes, su juego de bloques. Aquí te presentan algunas piezas.

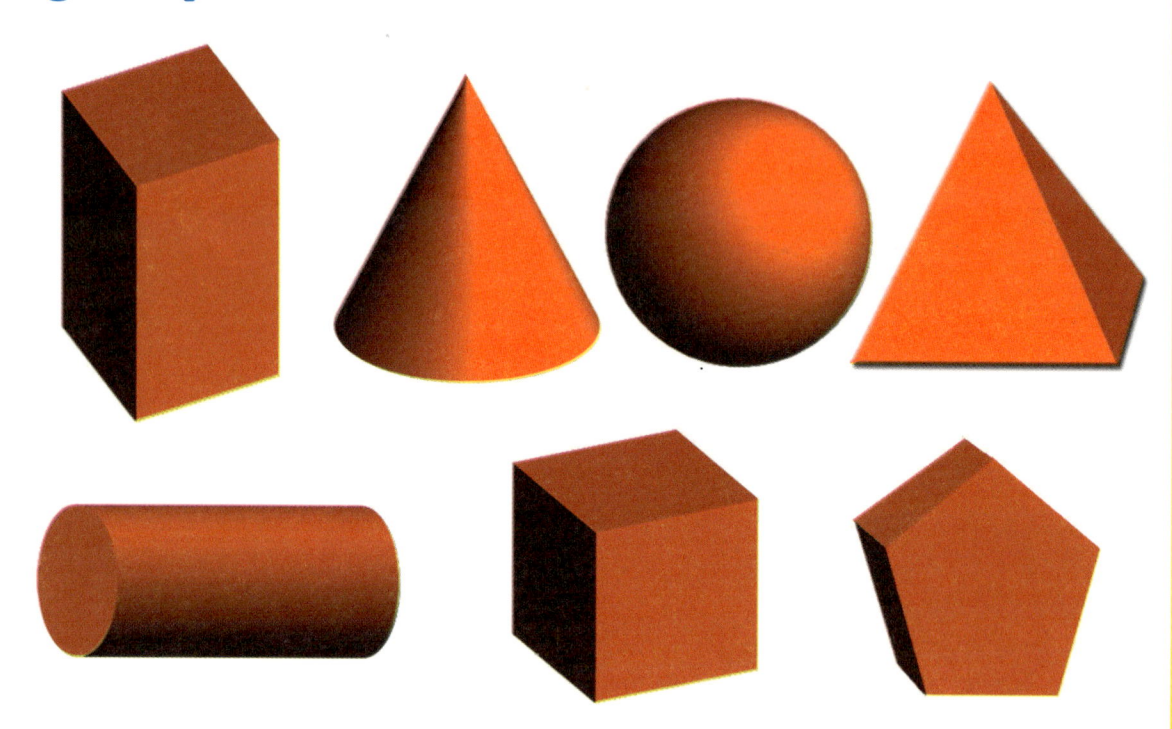

Piensa de qué formas puedes agrupar estos bloques, y dibújalos.

ARMANDO ROMPECABEZAS

MATEMÁTICA

A armarlo con paciencia, ya que lograrlo no es una ciencia.

Aquí Luz te presenta algunas figuras para que formes un lindo rompecabezas.

Reproduce y recorta las figuras.

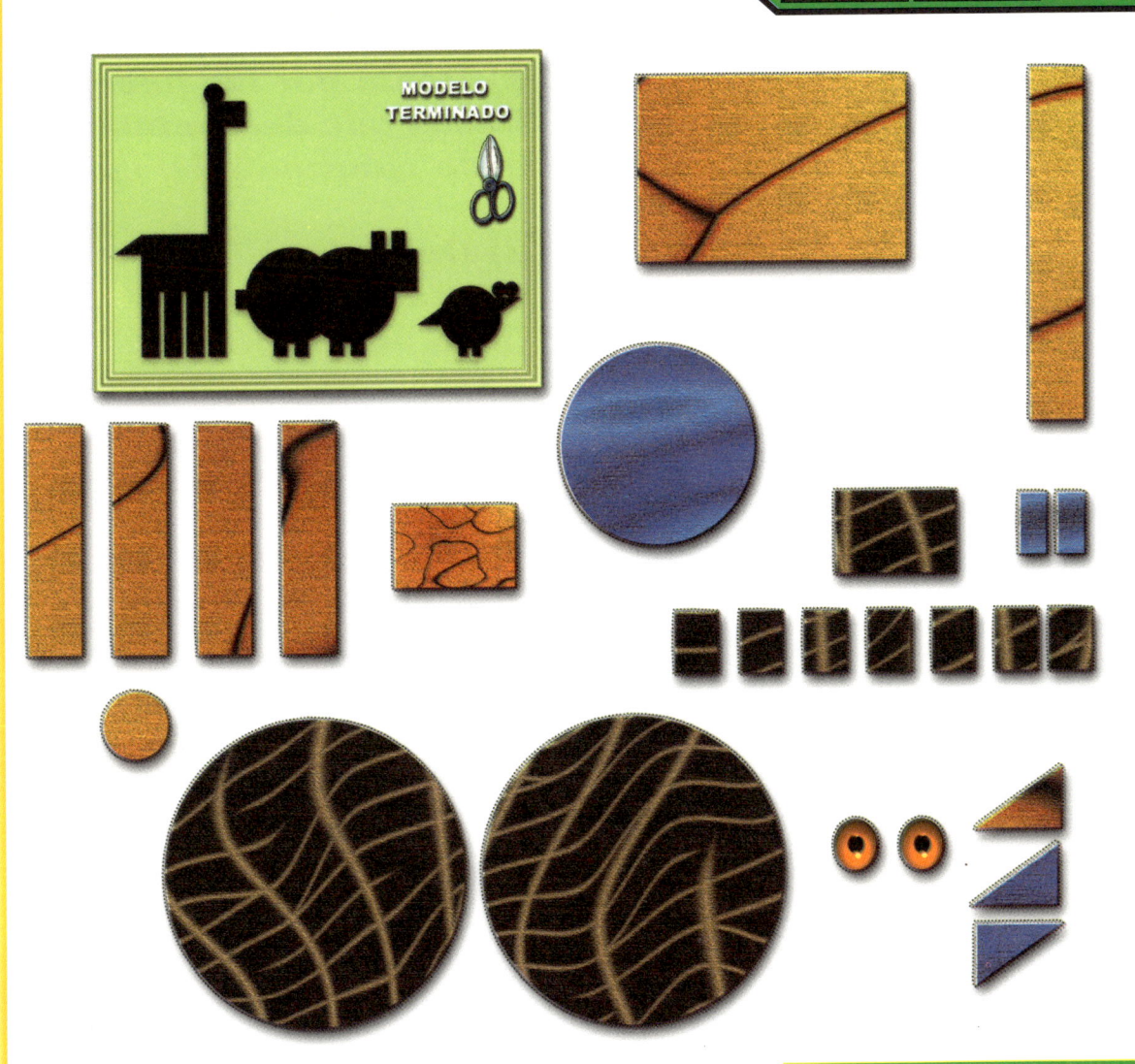

MODELO TERMINADO

Una vez que tengas armadas las figuras, pégalas en una cartulina. Ponles sus nombres y escribe una historia con ellas.

301

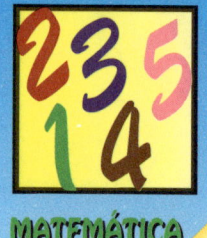

ARMANDO DADOS PARA JUGAR

MATEMÁTICA

¡A jugar con daditos hechos por nosotros!

Aquí Rocío te presenta el modelo de un cubo, con el fin de que con él puedas armar los dados para jugar.

Reproduce el dibujo y sigue las instrucciones para armar el dado.

1) Dobla por las líneas llenas que determinan cada cuadrado del cubo.

2) Dobla las aletas marcadas con línea punteada.

3) Pega las aletas con su parte correspondiente.

4) Una vez que el cubo esté armado, dibújale los puntos.

ALETAS

Busca juegos en los que se puedan emplear los dados, y confecciona una lista.

UN POCO DE GEOMETRÍA

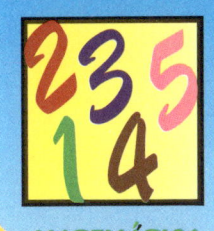

MATEMÁTICA

Todo el tiempo, todo el día, a aprender de geometría...

Marca las aristas de estos cuerpos con rojo, los vértices con verde y las caras con amarillo.

cilindro   prisma   cono   esfera   pirámide   cubo

Responde y completa el cuadro.

¿Qué figuras forman las caras del cubo, de la pirámide y del prisma?

_____

¿Qué cuerpo no tiene aristas ni vértices?

_____

CUERPO	CANTIDAD DE CARAS	CANTIDAD DE VÉRTICES	CANTIDAD DE ARISTAS	¿CÓMO SON SUS ∡?
	6	36	36	RECTOS

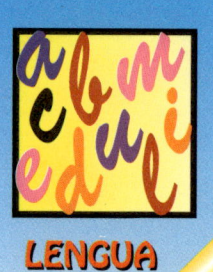

EL SAPO Y LA ZORRA

¡A disfrutar de una divertida historia!

Para leer y pensar.

Estaba una zorra comiendo uvas de una parra, y salió un sapo y le dice:
–¡Hola, amiga zorra! ¿Comiendo las uvas del vecino, eh?
Y la zorra le contesta:
–¡Vamos, amigo sapo! ¿Que usté es el guardián de la parra?
–¡Qué guardián he de ser!– le dice el sapo. –He salido para ver si quiere usté hacer una apuesta a ver quién corre más.
Conque hicieron la apuesta, y fueron a ponerse onde iban a partir a correr. Y dijo el sapo:
–¡Ya vamos! ¡A la una…!
Y dio un salto la zorra y partió a correr.
–Que no– dice el sapo, –que todavía no vale.
Y se ponen otra vez, y dice el sapo:
–¡A la una! ¡A las dos…!
Y otra vez dio un salto la zorra y echó a correr. Y la llama el sapo y le dice:
–Que no, que todavía no vale.
Y ya van y se ponen otra vez, y dice el sapo:
–¡A la una! ¡A las dos! ¡A las tres!
Y echa la zorra a correr con todas sus fuerzas. Pero al primer salto que dio, el sapo saltó y se le agarró al rabo. Y onde iba la zorra corriendo le gritaba al sapo:
–Amigo sapo, ¿dónde vienes?
Y aquél, agarrao al rabo y callao. Y como el escuerzo no contestaba, volvía a gritar la zorra:
–Amigo escuerzo, ¿dónde vienes?
Y cuando ya iba la zorra llegando a la otra punta de la carrera dio el escuerzo un salto y cayó sentao en un canto adelante de la zorra. Y cuando la zorra gritó al llegar: "Amigo sapo, ¿dónde vienes?", le dijo el escuerzo desde el canto:
–¡Ya yo hace rato que estoy aquí!

Cuento folklórico argentino. Adaptación: Félix Coluccio

Aclaración:
Usté: *por usted*
Callao: *por callado*
Onde: *por donde*
Sentao: *por sentado*
Agarrao: *por agarrado*
Canto: *por piedra*

PARA LEER Y PENSAR

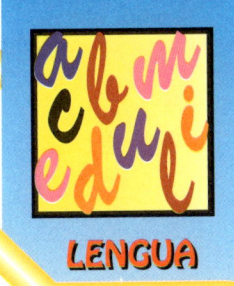

LENGUA

Luego de leer, dibujando te vas a entretener...

Dibuja y escribe como historieta lo sucedido entre el sapo y la zorra.

Cuenta el cuento con tus palabras.

305

UNA RICA MERIENDA

MATEMÁTICA

Disfruta de estos ricos pasteles junto con Sofía y las melli.

Sofía invitó a las mellizas a tomar la leche a su casa y preparó riquísimos pasteles.
Sofía cocinó tres pasteles:

PASTEL DE CHOCOLATE

PASTEL DE FRUTILLA

PASTEL DE VAINILLA

Completa el cuadro.
Luego, pinta las porciones de pastel que no comieron las niñas.

PASTELES	HABÍA	COMIERON	QUEDARON
FRUTILLA		$\frac{5}{8}$	
VAINILLA		$\frac{1}{4}$	
CHOCOLATE			$\frac{3}{6}$

TRABAJANDO CON FRACCIONES

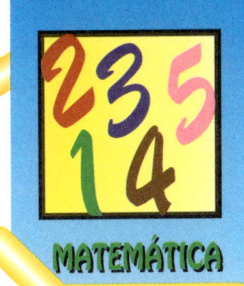

MATEMÁTICA

¡A comer y compartir fracciones de chocolate!

A Rodrigo y a sus amigos les gustan mucho los chocolates. Veamos lo que comió cada uno.

Relaciona.

Rodrigo
$\frac{1}{8}$

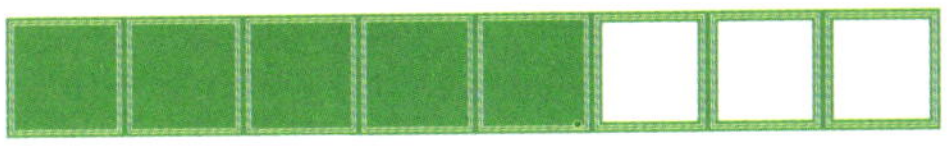

Ana
$\frac{3}{8}$

Tomás
$\frac{8}{8}$

Federico
$\frac{5}{8}$

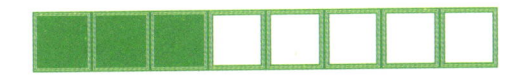

A Germán y a Malena también les gustan los chocolates. Representa lo que comió cada uno.

comí $\frac{7}{10}$

comí $\frac{2}{10}$

MATEMÁTICA

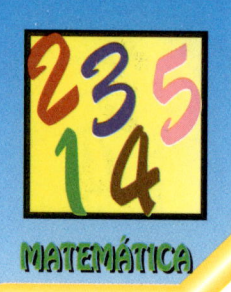

¿CÓMO SE MIDE?

¡A medir se ha dicho!

Las mellizas te invitan a conocer un poco más el lugar donde te encuentras. Para ello, te ofrecen distintas formas de tomar medidas.

Piensa o elige alguna de las unidades propuestas y mide algunos objetos que te rodean. Anota los resultados en el cuadro.

PALMO

PASO

PULGAR

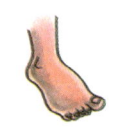

PIE

OBJETO	UNIDAD DE MEDIDA	CANTIDAD

Invita a un amigo a medir los mismos objetos y luego compara las medidas obtenidas. ¿Son las mismas? Escribe las similitudes y diferencias encontradas:

PARA LEER Y PENSAR

Disfruta de este bello cuento...

LA VERDADERA HISTORIA DEL MURCIÉLAGO

Las mariposas que hoy vemos, ingrávidas, que se pueden posar en las flores, en la superficie de las aguas y hasta en las trémulas ramas del aire, no son otra cosa que la fracasada imagen de lo que el murciélago fue en otro tiempo: el ave más bella de la creación. Pero no siempre fue así; cuando la luz y la sombra echaron a andar, era como ahora lo conocemos y se llamaba biguidibela: biguidi, mariposa, y bela, carne: mariposa en carne, es decir, desnuda. La más fea y más desventurada de todas las criaturas era entonces el murciélago. Y un día, acosado por el frío, subió al cielo y dijo a Dios:
—Me muero de frío. Necesito de plumas.

Y como Dios, aunque no cesa de trabajar, no vuelve las manos a tareas ya cumplidas, no tenía ninguna pluma. Así fue que le dijo que volviera a la tierra y suplicara en su nombre una pluma a todas las aves. Porque Dios da siempre más de lo que se le pide. Y el murciélago, vuelto a la tierra, recurrió a aquellos pájaros de más vistoso plumaje. La pluma verde del cuello de los loros, la azul de la paloma azul, la blanca de la paloma blanca, la tornasol de la chuparrosa, su más próxima imagen actual; todas las tuvo el murciélago. Y orgulloso volaba sobre las sienes de la mañana, y las otras aves, refrenando el vuelo, se detenían para admirarlo. Y había una emoción nueva, plástica sobre la tierra. A la caída de la tarde, volando con el viento del poniente, coloraba el horizonte. Y una vez, viniendo de más allá de las nubes, creó el arco iris, como un eco de su vuelo. Sentado en las ramas de los árboles abría alternativamente las alas, sacudiéndolas en un temblor que alegraba el aire. Todas las aves comenzaron a sentir envidia de él; y el odio se volvió unánime, como un día lo fue la admiración.

Otro día subió al cielo una parvada de pájaros, el colibrí adelante. Dios oyó su queja. El murciélago se burlaba de ellos; además, con una pluma menos padecían frío. Y ellos mismos trajeron el mensaje celestial en que se llamaba al murciélago. Cuando estuvo en la casa de allá arriba, Dios le hizo repetir los ademanes que de aquel modo habían ofendido a sus compañeros; y agitando las alas se quedó otra vez desnudo. Se dice que todo el día llovieron plumas del cielo.

Y desde entonces sólo vuela en los atardeceres en rápidos giros, cazando plumas imaginarias. Y no se detiene, para que nadie advierta su fealdad.

Andrés Menestrosa (mexicano)

¡A REFLEXIONAR!

LENGUA

Y luego de leer... ¡a pensar y jugar con un amigo!

Júntate con un amigo y conversa con él sobre el cuento.

Piensa cinco preguntas, y escríbelas para que tu amigo las resuelva.

1.
2.
3.
4.
5.

Propón a tu amigo que piense otras cinco preguntas. Luego contéstalas por escrito.

MÁS ALLÁ DEL CIELO

NATURALES

En el cielo, las estrellas...

El sistema solar

Nueve son los planetas que forman el sistema solar. Pero el dibujante se olvidó de colocarles los nombres.

Pinta la Tierra y averigua los nombres de los demás planetas.

311

NATURALES

UN VIAJE A LA LUNA

¡A imaginar que somos astronautas!

En el siglo pasado el hombre llegó a la Luna por primera vez. Hoy, se han hecho muchos avances tecnológicos que posibilitan que el hombre siga investigando y viajando por el espacio.

Describe un viaje espacial contigo como protagonista. Previamente, enumera qué cosas tienes que llevar para realizarlo y dibújalas.

ELEMENTOS PARA EL VIAJE

UN POQUITO DE HISTORIA

SOCIALES

Y al jugar con el tiempo… te diviertes a cada momento.

Rocío comenzó a hacer su propia línea de tiempo.

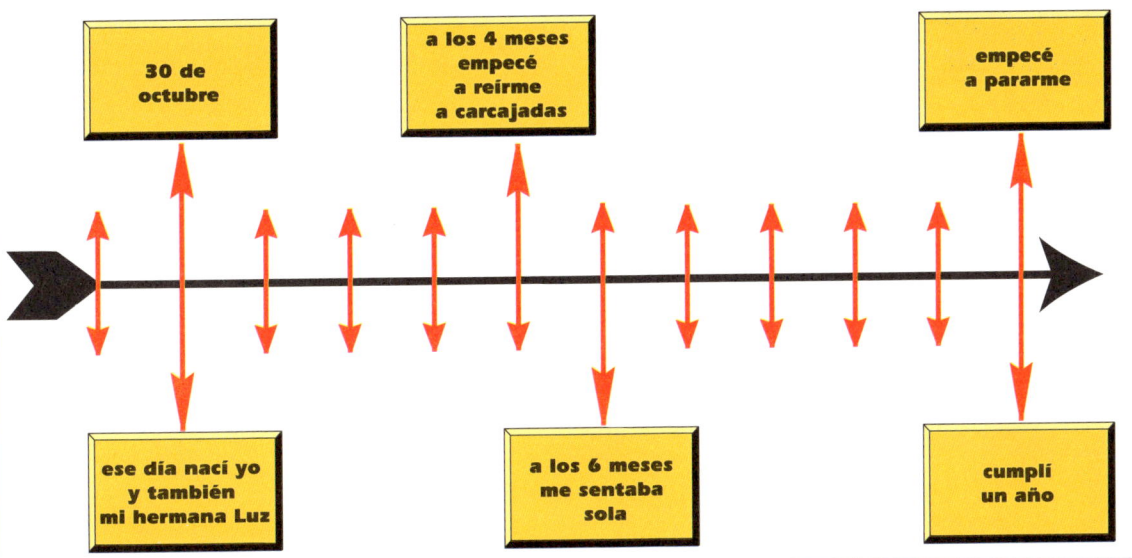

- 30 de octubre
- a los 4 meses empecé a reírme a carcajadas
- empecé a pararme
- ese día nací yo y también mi hermana Luz
- a los 6 meses me sentaba sola
- cumplí un año

Recuerda los momentos más importantes de tu vida, y ubícalos en tu línea temporal.

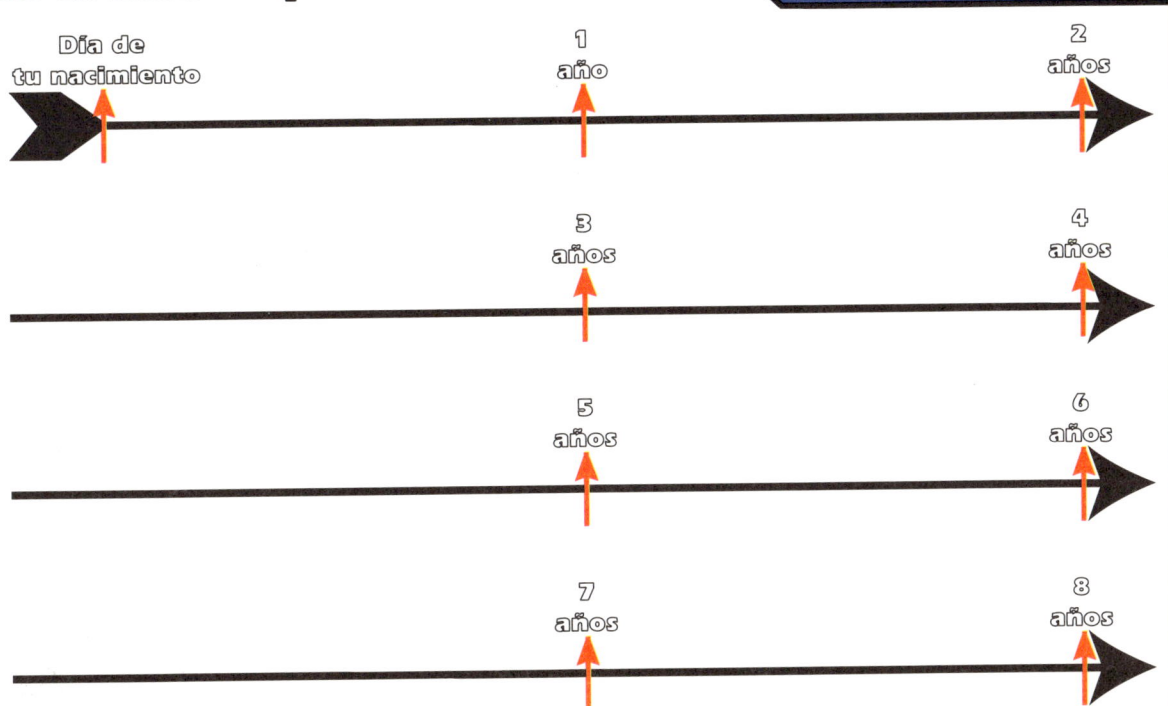

Día de tu nacimiento — 1 año — 2 años

3 años — 4 años

5 años — 6 años

7 años — 8 años

313

SOCIALES

Y, ¿EN TU FAMILIA...?

Antes, ahora o después, todo depende de donde lo ves.

Investiga qué pasó antes de que nacieras, y realiza una línea de tiempo contando al revés.

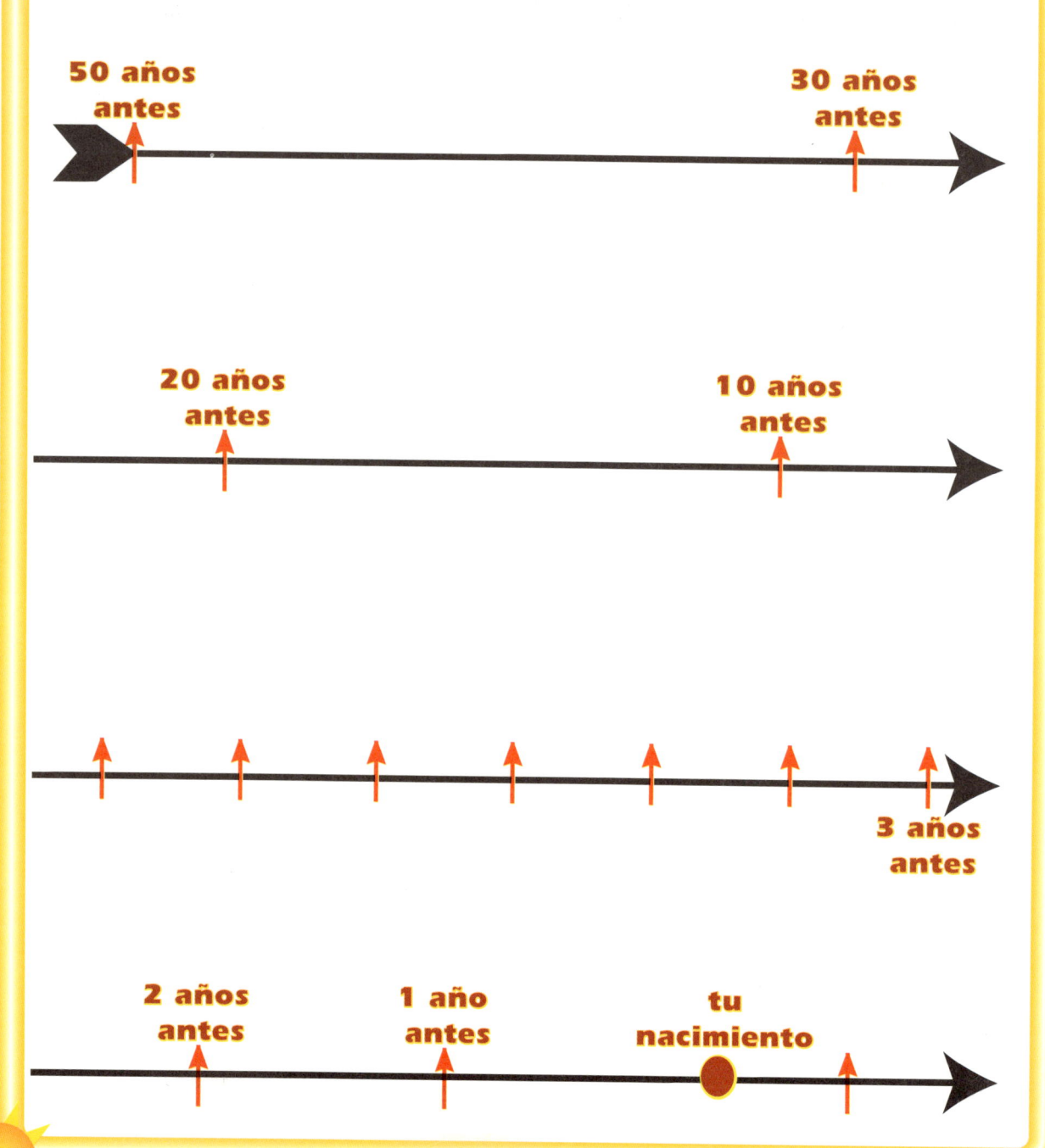

50 años antes — 30 años antes

20 años antes — 10 años antes

3 años antes

2 años antes — 1 año antes — tu nacimiento

314

INVESTIGADORES

SOCIALES

¡A jugar a los historiadores!

Ten en cuenta tus investigaciones y responde.

¿Cómo conseguiste esos datos?

¿De qué manera lo hiciste?

¿Te ayudaste con algún otro recurso, fotos, documentos, etc.? ¿Cuál?

Piensa y contesta.

¿Cómo harán los científicos sociales para investigar, por ejemplo, la historia de nuestro país?

SOCIALES

VIVIR EN COMUNIDAD

¡Si quieres ser solidario, te lo agradecerán en tu vecindario!

Observa la siguiente secuencia.

...como se habrán dado cuenta, los desagües de la ciudad están tapados y muchas familias han quedado sin techo.

Yo, ni loco. Mi casa es muy chica y está recién pintada.

No se preocupe. Yo puedo alojar algunos niños en mi casa.

Analiza la secuencia anterior y responde.

¿Qué piensas sobre las actitudes de estos señores?

....
....
....

CON-VIVIR

SOCIALES

Te vas a divertir… mientras aprendes a convivir.

Observa las siguientes situaciones y escribe qué piensas de ellas.

Escribe una lista de acciones que nos permiten vivir en comunidad.

317

ANTOLOGÍA POÉTICA

LENGUA

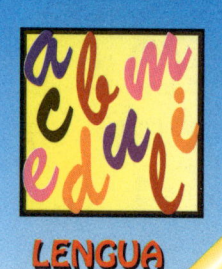

Disfruta de la antología, y sentirás mucha alegría.

Para leer y disfrutar de la lectura.

En las pálidas tardes
me cuenta un hada amiga
las historias secretas
llenas de poesía:
lo que cantan los pájaros,
lo que llevan las brisas,
lo que vaga en las nieblas,
lo que sueñan las niñas.

Rubén Darío
(poeta nicaragüense; "Azul")

CANTA UN RUISEÑOR

Ruiseñor de la noche,
¿qué lucero hecho trino,
qué rosa hecha armonía
en tu garganta canta?
Pájaro de la luna,
¿de qué prado divino
es la fuente de oro
que surte tu garganta?

¿Es raso del cielo
que envuelve la urna
de tus joyas azules,
temblorosas y bellas?
¿Llora en tu pecho un dios?
¿O a qué antigua y nocturna primavera
has robado tus aguas con estrellas?

Juan Ramón Jiménez
(poeta español; "Elegías, XXIII")

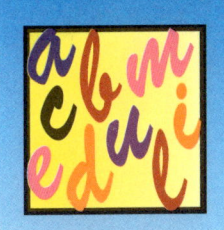

ANTOLOGÍA POÉTICA

LA LUNA EN CASA

La luna, la luna tiene
miedo de caer al río;
parece, en el caserío,
que alguien de atrás la sostiene.
Nadie sabe cosa alguna.
Si se va a caer la luna,
¿por qué no cae en mi casa?

Si cae sobre el tejado
y en hallarla soy primero,
la pondré en el cristalero
con un vaso a cada lado.

Y tendremos que cuidarla
—frágil es como una pompa—
para que no se nos rompa
si vienen a reclamarla.

Horacio Rega Molina
(poeta argentino)

LA ARDILLA

La ardilla corre,
la ardilla vuela,
la ardilla salta
como locuela.

Mamá, ¿la ardilla
no va a la escuela?
—Ven ardillita,
tengo una jaula
que es muy bonita.
—No, yo prefiero
mi tronco de árbol
y mi agujero.

Amado Nervo (poeta mexicano)

ANTOLOGÍA POÉTICA

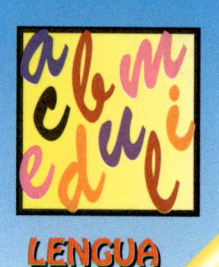

BARQUITO DE PAPEL

Barquito de papel
sin nombre, sin patrón y sin bandera,
navegando sin timón
donde la corriente quiera.

Aventurero audaz,
jinete de papel cuadriculado,
que mi mano sin pasado
sentó a lomos de un canal.
Cuando el canal era el río,
cuando el estanque era el mar
y navegar era jugar con el viento,
era una sonrisa a tiempo.

Jugando a ser feliz de país en país,
entre la escuela y mi casa.
Después el tiempo pasa
y te olvidas de aquel barquito de papel.

Joan Manuel Serrat (cantautor español)

PARÁBOLA DEL AGUA

Sobre el ancho aguazal un ave blanca
bajó al amanecer;
perforó con el pico el agua clara,
y de nuevo se fue.

Pero al volver se le perdió una pluma
rosada en el envés,
que fue el cristal de la laguna
su prenda de volver.

José Pedroni (poeta argentino)

ANTOLOGÍA POÉTICA

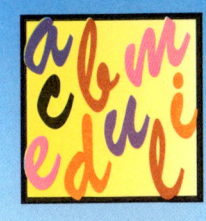

LENGUA

¿QUIÉN LE PONE EL CASCABEL AL GATO?
(fábula)

Una familia de ratones habitaba la cocina de una casa cuya dueña tenía un hermoso gato que era un excelente cazador, siempre al acecho.

Tan bravo era el gato que los pobres ratones no podían ni asomarse por los agujeros de sus cuevas, ni siquiera de noche.

No pudiendo por más tiempo resistir tal situación, convocaron una asamblea familiar para poner fin a tamaño problema.

–Atemos un cascabel al cuello del gato– dijo el más joven de los ratones, –y por su tintineo sabremos siempre el lugar donde se halla.

Tan ingeniosa proposición trajo aplausos, gritos de satisfacción, y mucha alegría. Toda la familia felina creía que ya no tenían más problemas.

Pero el más anciano de todos los ratones, muy sabio y experimentado, dijo con picardía:

–Muy bien, pero, ¿quién de ustedes le ha de poner el cascabel al gato?– Nadie contestó.

Moraleja: Más fácil que decir es hacer.
(Esopo)

ANTOLOGÍA POÉTICA

PÁJAROS DE COLORES
(una leyenda americana)

Hace muchísimo tiempo, en la Tierra, todos los pájaros tenían las plumas iguales; sólo las flores tenían bellísimos y brillantes colores.

A los pájaros no les gustaba nada, y envidiaban los vistosos colores de los pétalos florales. Ellos querían que sus cuerpos tuvieran tambien atractivas tonalidades.

Fue así como decidieron llamar a una asamblea general de pájaros para discutir este asunto que tanto les preocupaba. En el recinto de una palmera un loro no paraba de hablar, un colibrí aleteaba vigorosamente entre las ramas de un pino pidiendo la palabra, una lechuza agitaba una campanilla gritando orden y silencio. En fin, a pesar de semejante galimatías, la honorable asamblea pajarona se puso de acuerdo y decidió volar hacia el Señor Sol y pedirle que pintara su plumaje de bellos colores.

¿Te imaginas semejante bandada moviendo toda junta sus alas?

Sin embargo, el colibrí decidió quedarse y continuar picoteando de flor en flor, porque creía que nunca podría llegar tan alto en el cielo.

Entre tanto el Señor Sol se asustó. Temiendo que los pájaros se acercaran más hacia él y se quemaran con sus rayos pidió a las nubes, como favor muy especial, que una intensa lluvia cayera de ellas y dispersara a la bandada.

Así fue como una terrible tormenta surgió

repentinamente y las aves regresaron, sin más remedio, a la Tierra para refugiarse en la profundidad de los árboles del bosque. Cuando volvió la calma todos quedaron maravillados, pues en el cielo apareció un enorme y hermoso arco iris.

Los pájaros lo observaron estupefactos. –¡Está muy cerca!– chillaba un tucán de pico muy curvo. –¡Casi lo podemos tocar!– gritaba una paloma mensajera. –¡Cuidado, no nos lo llevemos por delante!– anunciaba una experimentada golondrina.

Palabra va, palabra viene, volando y volando, batiendo fuerte sus alas, los pájaros alcanzaron el magnífico arco iris que tenían a la vista, mezclándose entre sus bandas coloridas e impregnándose de este modo con cada una de las tonalidades.

Rebosantes de alegría, mientras miraban y admiraban su nuevo plumaje se percataron de que el colibrí aún estaba en la Tierra. Retornaron rápidamente al bosque y -¡OH SORPRESA!-, el colibrí brillaba como una joya preciosa. ¿Qué fue lo que sucedió? Mientras la bandada volaba hacia el Sol, el colibrí no cesó por un momento de libar el dulce néctar de cada una de las flores del bosque. El Señor Sol tuvo piedad de él y, mágicamente, les dio a sus plumas el color de cada una de las flores que visitaba y el brillo del agua de lluvia.

En agradecimiento, todos los pájaros homenajearon al Señor Sol con danzas y canciones.

ANTOLOGÍA POÉTICA

LENGUA

LA TRISTEZA DEL MAYA

Un día los animales se acercaron a un maya y le dijeron:
—No queremos verte triste, pídenos lo que quieras y lo tendrás.
El maya dijo:
—Quiero ser feliz.
La lechuza respondió:
—¿Quién sabe lo que es la felicidad? Pídenos cosas más humanas.
—Bueno— añadió el hombre, —quiero tener buena vista.
El zopilote le dijo:
—Tendrás la mía.
—Quiero ser fuerte.
El jaguar le dijo:
—Serás fuerte como yo.
—Quiero caminar sin cansarme.
El venado le dijo:
—Te daré mis piernas.
—Quiero adivinar la llegada de las lluvias.
El ruiseñor le dijo:

–Te avisaré con mi canto.
–Quiero ser astuto.
El zorro le dijo:
–Te enseñaré a serlo.
–Quiero trepar a los árboles.
La ardilla le dijo:
–Te daré mis uñas.
–Quiero conocer las plantas medicinales.
La serpiente le dijo:
–¡Ah, esa es cosa mía, porque yo conozco todas las plantas! Te las marcaré en el campo.
Y al oír esto último, el maya se alejó.
Entonces la lechuza dijo a los animales:
–El hombre ahora sabe más cosas y puede hacer más cosas, pero siempre estará triste–. Y la chachalaca se puso a gritar: –¡Pobres animales! ¡Pobres animales!

Texto extraído del libro "Leyendas y Consejos del Antiguo Yucatán", de Ermilo Abreu Gómez. Editado por el Fondo de Cultura Económica, México.

ANTOLOGÍA POÉTICA

ADIVINA, ADIVINADOR

Cuando me siento me estiro.
Cuando me paro me encojo.
Entro al fuego y no me quemo,
entro al agua y no me mojo.

(la sombra)

Es su madre tartamuda
y su padre un buen cantor;
tiene el vestidito blanco
y amarillo el corazón.

(el huevo)

En la calle me toman,
en la calle me dejan;
en todas partes entro,
de todas partes me echan.

(el polvo)

Nicanor tenía un barco
y con él surcaba el río;
¿era este un barco pequeño
o este era un gran navío?
Lee despacio, Encarnación,
y hallarás la solución.

(norte, sur, este y oeste)

ANTOLOGÍA POÉTICA

DESTRABALENGUAS

¡Arre, arre por la sierra!
¡Arre, burrito Ramón!
¡O nos ganarán las ranas,
las chicharras y el gorrión!

Pepe Peña
pela papa,
pica piña,
pita un pito,
pica piña,
pela papa,
Pepe Peña.

No me mires que nos miran,
nos miran que nos miramos,
miremos que no nos miren
y cuando no nos miren
nos miraremos,
porque si nos miramos
descubrir pueden
que nos amamos.

Había una caracatrepa
con tres caracatrepitos.
Cuando la caracatrepa trepa,
trepan los tres
caracatrepitos.

ANTOLOGÍA POÉTICA

COPLAS

Suspiraba mi vecina
en la puerta de su casa
y en el suspiro decía:
—¡Ha visto usted lo que pasa!

En el medio de la cara
suspiraba una verruga
y en el suspiro decía:
—¡No tengo una sola arruga!

En el medio de la cama
suspiraba un almohadón
y en el suspiro decía:
—¡Cómo ronca este varón!

En el cielo tengo la luna,
en la tierra tengo un amigo
y un secreto bien guardado
que, si quieres, te lo digo.

Si me encuentro al hombre lobo
hago como si nada,
si me sigue hasta mi casa
le convido una empanada.

En el medio de la noche
suspiraba el cruel vampiro
y en el suspiro decía:
—¡Si no como algo me piro!

En medio de la galaxia
suspiraban los planetas
y en el suspiro decían:
—¡Cómo viajan los cometas!

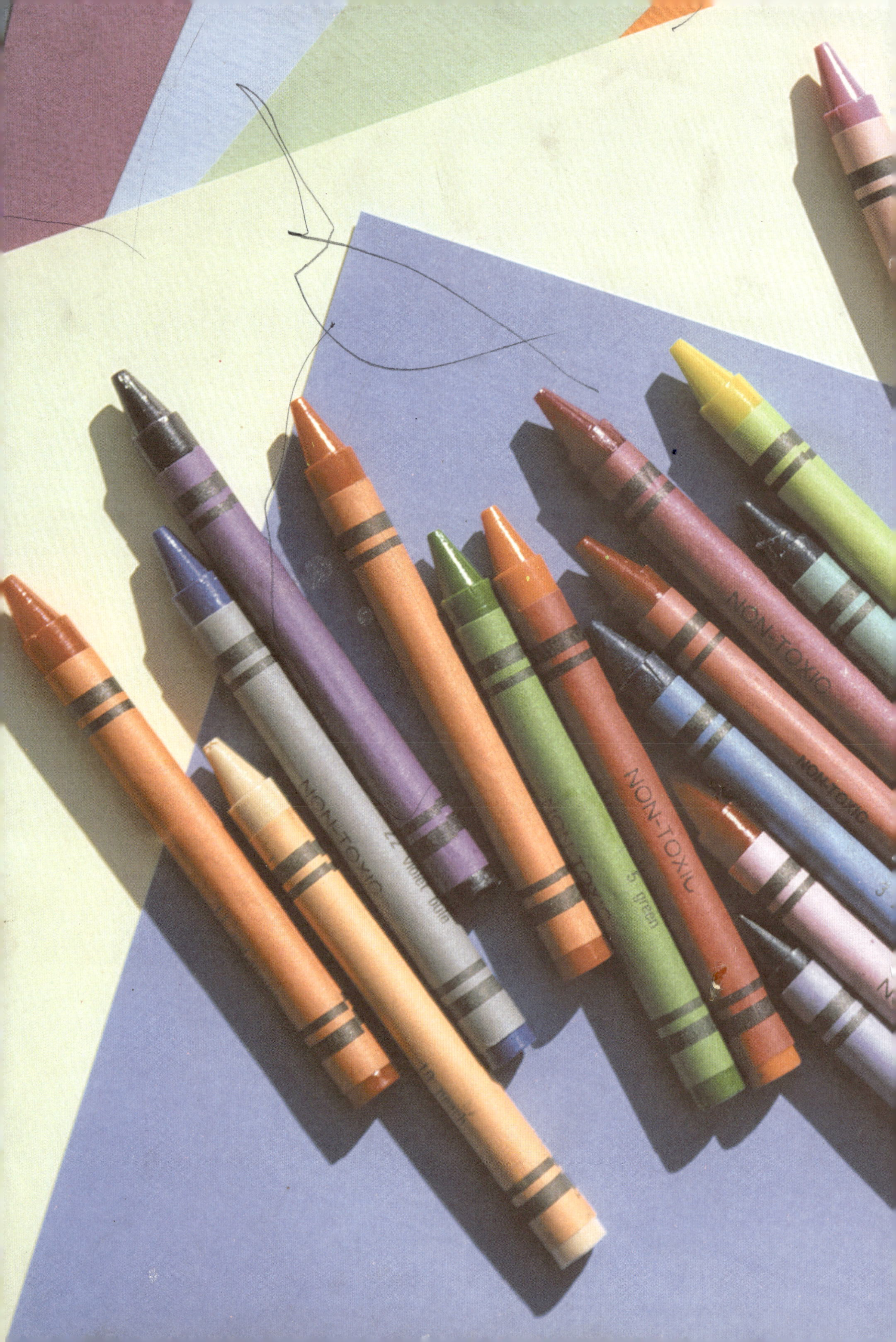
NON-TOXIC
NON-TOXIC
5 green
NON-TOXIC
NON-TOXIC